일터 @ 영성

일터 @ 영성

일 터 @ 영 성

초판 2쇄 펴낸 날 · 2011년 6월 1일 | **초판 1쇄 찍은 날** · 2011년 1월 15일
지은이 · 김기영 | **펴낸이** · 김승태
등록번호 · 제2-1349호(1992. 3. 31) | **펴낸 곳** · 예영커뮤니케이션
주소 · (136-825) 서울시 성북구 성북1동 179-56 | **홈페이지** www.jeyoung.com
출판사업부 · T. (02)766-8931 F. (02)766-8934 e-mail: edit1@jeyoung.com
출판유통사업부 · T. (02)766-7912 F. (02)766-8934 e-mail: sales@jeyoung.com

copyright ⓒ 2011. 김기영
ISBN 978-89-8350-746-4 (03230)

값 11,000원

일 터 @ 영 성

김기영

들어가면서

1. 이 책이 일터사역의 현장에 계신 모든 분들에게 조금이나마 도움이 되길 바랍니다.

2. 독자들의 이해를 돕기 위해, 이 책의 말미에 부록을 실었습니다. 이는 2004 로잔의 Marketplace Ministry 보고서의 일부를 번역한 것입니다.

3. 저자는 이 책의 제2권에서 일터사역 현장에서 이루어지고 있는 사역들과 그 방법들을 분석·정리하여 소개할 예정입니다. 이 책을 읽는 독자 중에서 자신의 일터사역을 공개하여 다른 일터사역자들과 공유하기 원하시는 분이 있으면 저자에게 이메일(ichbam@naver.com)을 보내 주시기 바랍니다.

4. 끝으로 이 책의 집필을 기도와 물심양면으로 적극 후원해 주신 하홍민 회장님과 지난 번 *Business As Mission*의 출판에 이어 또다시 어려운 결정을 내리고 이 책의 출판을 결정하신 예영커뮤니케이션의 김승태 사장님께 깊이 감사드립니다.

2010. 12.

김기영

주향한공동체 대표
TW Consulting 대표
C. Funding(New York) 대표

목차

일

남궁 억

삼천리 반도 금수강산 하나님 주신 동산
삼천리 반도 금수강산 하나님 주신 동산
이 동산에 할 일 많아 사방에 일꾼을 부르네
곧 이날에 일 가려고 누구가 대답을 할까

일하려 가세 일하려 가 삼천리 강산 위해
하나님 명령 받았으니 반도 강산에 일하려 가세

삼천리 반도 금수강산 하나님 주신 동산
삼천리 반도 금수강산 하나님 주신 동산
봄 돌아와 밭 갈 때니 사방에 일꾼을 부르네
곧 이날에 일 가려고 누구가 대답을 할까

일하려 가세 일하려 가 삼천리 강산 위해
하나님 명령 받았으니 반도 강산에 일하려 가세

삼천리 반도 금수강산 하나님 주신 동산
삼천리 반도 금수강산 하나님 주신 동산
곡식 익어 거둘 때니 사방에 일꾼을 부르네
곧 이날에 일 가려고 누구가 대답을 할까

일하려 가세 일하려 가 삼천리 강산 위해
하나님 명령 받았으니 반도 강산에 일하려 가세

1. 세속적 관점에서의 일

"신들은 시지프스에게 바위를 산꼭대기까지 끊임없이 굴려 올리는 형벌을 내렸다. 그러나 산꼭대기에 이르면 이 바위는 그 자체의 무게로 말미암아 다시 굴러 떨어지곤 하였다. 신들이 무익하고도 희망 없는 일보다 더 무서운 형벌은 없다고 생각한 것은 일리가 있었다."_시지프스 신화, 알베르 까뮈

인간은 일을 통해 스스로의 자존감과 권위를 찾아 이 땅을 다스리며, 서로의 물질적 필요를 충족시켜 주면서 그 풍성함을 누리며 살아가야 한다. 그런데 현실적으로 인간이 일을 위해 존재하는지, 일이 인간을 위해 존재하는지 참으로 모호하다. 사전의 정의에서[1] 알 수 있듯이 영적인 의미가 제거된 일은 개인의 생존을 포함한 기본적인 물리적 욕구 충족과 철저하게 관련된다. 단지 생존에 필요한 것들을 얻기 위해서, 우리는 고통을 감수하기도 하고, 취미와 여가를 포기하기도 한다. 비극적이게도 생존을 위한 수입의 통로가 일뿐인 경우라면, 우리는 우리에게 너무나 소중한 가정, 공동체, 교회, 자기 계발, 휴가 등을 무시하고 외면하며, 일에만 집중할 수밖에 없다. 이러한 인생은 일개미의 인생과 다름없다. 이와 같이 일의 신성함과 그 소명을 망각한 직업의식에 사로잡혀 일을 하면, 우리는 아래와 같은 부정적 현상에 빠지게 된다.

1) 일중독

그 원인은 '생존과 성공에 대한 집착', '도피', '일이 너무 좋아서' 등 여러 가지가 가능하지만, 모든 관심이 일에 집중됨으로 인해 생기는 폐단

과 피해는 스스로에게는 병적이며, 타인에게는 폭력적이다. 일 중독에 대한 폴 마샬(Paul Marshall)의 관찰은 그 자체가 우리에게 경고이다.

"일에 사로잡혀 있는 사람들은 주변의 모든 사람을 자기의 삶에 들어오지 못하게 막는다. 그들은 볼 수도 없고 들을 수도 없으며 말할 수도 없다. 왜냐하면 그들의 관심은 오로지 자기들의 사업과 노력에만 집중되어 있기 때문이다. 그들은 일 외의 다른 모든 관심사와 방해물과 활동을 배제시킨다. 그들은 일을 탁월하게 해 내는 것과 완벽주의와 생산성에 모든 생각이 고정되어서 그것에 질식당하여 숨을 쉴 수가 없다. 그들은 광적인 활동에 사로잡혀서 쉬지도 못하고 몰두한다. 아마 다른 무엇보다도, 그들은 자신의 삶을 스스로 통제할 수 있기를 바랄 것이다.

그 사람들이 지고 있는 책임에는 선하고 정직한 명분이 포함되어 있을 수 있다. 심지어 '기독교적'이거나 '사역'에 해당하는 일도 포함되어 있을 수 있다. 목회자들이 가장 극심한 일 중독자인 경우가 종종 있다. 그러나 그들이 하는 일이 무엇이든, 선하든 나쁘든 간에, 핵심은 일 중독자들이 일에 중독되어 있다는 것이다. 중독은 우상 숭배다. 이 경우 일 중독은, 다른 사람들과 총체적이고 친밀한 관계를 누릴 수 있는 능력을 파괴시켜 버린다. 그리고 훨씬 더 비극적인 일은, 일 중독증에 걸린 사람들은 하나님과의 순전한 관계에서 멀어지게 된다는 사실이다."[2]

이런 의미에서 일 중독은 '병'이며, '폭력'이고, '죄'이다.

2) 비효율적 삶

창조 시, 하나님의 형상을 닮은, 하나님의 동역자인 인간에게는 가장 아름답고 생산성이 풍부한 에덴동산이라는 일터가 주어졌었는데, 타락 이후, 에덴을 상실한 인간에게는 거친 정글이 일터가 되어 버렸다.

"아담에게 이르시되 네가 네 아내의 말을 듣고 내가 네게 먹지 말라 한 나무의 열매를 먹었은즉 땅은 너로 말미암아 저주를 받고 너는 네 평생에 수고하여야 그 소산을 먹으리라 땅이 네게 가시덤불과 엉겅퀴를 낼 것이라 네가 먹을 것은 밭의 채소인즉 네가 흙으로 돌아갈 때까지 얼굴에 땀을 흘려야 먹을 것을 먹으리니 네가 그것에서 취함을 입었음이라 너는 흙이니 흙으로 돌아갈 것이니라 하시니라"(창 3:17–19).

엉겅퀴로 가득 찬, 거친 정글에서 생존하기 위한 인간의 투쟁은 많은 부정적인 결과를 양산했다. 그중에 하나가 일에서 기쁨과 행복을 누릴 수 없다는 것이다. 오직 생존만을 위해 자신의 적성과 다른 일에 종사하는 경우가 대부분이기 때문에 일에 대해 자원하는 마음도 없고, 건전한 집중도 없고, 창의성도 부족하다. 그래서 삶이 효율적이지도 효과적이지도 못하다.

3) 개미주의(Antism)[3]

성실–근면하게 열심히 일하는 목적이 자신과 가족의 생존과 안전만을 지키기 위한 경우이다. 일종의 소시민적 가족중심주의이다. 산업 혁명 이후 생겨날 수밖에 없었던 도시화는 일터와 교회와 집을 분리시켰다. 이로 인해 기독교인들은 일터 '분할적 믿음'을[4] 가지게 되었고 서구 유럽과 북미의 가족중심주의가 생겨나게 되었다. 세속주의의 기폭적인 역할을 했던 도시화의 영향으로 가족중심주의가 발생했음을 고려할 때 이 가족중심주의는 세속화[5]와 그 맥락을 같이 한다. 가족중심주의, 또는 가족이기주의의 특징은 자신과 가족의 폐쇄성이 너무 강하며, 이웃과 사회에 대한 무관심이 극에 이른다는 것이다. 이는 현대인의 전형적인 특징 중의 하나이다. 그러나 이러한 가족이기주의는 가족 이외의 다른 관계에 대한 무관심과 심지어는 그들과의 관계 파괴로 인해 "네 이웃을 네 몸처럼 사랑하라"는 명령을 위반하는 것이다. 윌키 오는 풍자가 쿠르트 보네구트의 '카라스(Karas)'와 '듀프라스(Dupras)'라는 용어를 들어 우리에게 교훈한다.

"부부가 점점 더 친구가 되어 가는 동시에 타인을 향한 축복이 될 때 그 결혼은 건강한 것이다. 행복한 결혼생활은 부부의 사랑을 초월해서 자녀들과 가정 밖에 있는 사람들을 보살피는 행위로 넘쳐흐른다. 풍자가 쿠르트 보네구트는 『고양이의 요람』에서 이러한 형태의 관계를 '카라스'라고 이름을 붙였다. 카라스는 밀접하게 맺어진 사랑의 유대이지만, 그 경계선에 침투성이 있어 다른 사람들이 자유롭게 들어와 그 사랑을 공유할 수 있게 되는 것을 말한다. 반대로 '듀프라스'는 두 배우자가 서로에게 집중되어 있어 아무도, 심지어 자녀들까지도 그 친밀함을 함께 나눌 수 없는 관계를 말한다."[6]

우리를 '개인이기주의'와 '가족이기주의'에 빠뜨리는 개미주의는 우리의 이웃 사람과 이타적 연성을 고갈시키는 주범이다.

4) 성공지상주의(Careerism)

일을 통해 자아성취는 물론, 소위 말하는 입신양면을 추구하는 현상을 말하는데, 이 경우 일은 성공에 이르는 수단이 된다. 이 성공지상주의는 2차 대전 이후 출생한 미국의 베이비부머(baby boomers)들이 그 기반을 조성했고, 1980년대에 생겨난 도시족인 여피(yuppies)들에 의해 일어난 현상이다. 자신이 자신의 주인이 되어 자신의 인생을 통제하면서 자아실현을 목적으로 자신의 능력을 총력화하여 박차를 가해 앞만 보고 달려가는 것이다. 1980년대 들어 초기 베이비부머의 자녀들이 대학에 가기 시작했는데, 베이비부머들이 상대적으로 부유한 사회에서 자란 자녀들을 대학에 보내는 목적은 이들이 대학 졸업 후, 좋은 일자리를 잡고, 좋은 배우자를 만나서 소위 말하는 부부 두 사람이 벌면서(live two income lifestyles) 경제적으로 성공한 삶을 살도록 하는 것이었다.

과거의 세대들은 "너 자신을 부인하라(Deny yourself)"라는 성경의 말씀에 따랐지만, 후기 베이비부머와 여피들은 "너 자아를 성취하라(Fulfill yourself)"에 삶의 초점을 맞춘다. 또한 이전의 세대는 "주 너의 하나님을 사랑하라(Love the Lord thy God)"는 말씀에 순종했지만 후기 베이비부머와 여피들은 "주 네 자신을 사랑하라(Love the lord thy self)"에 헌신한다.[7]

여피들에 이르러 일의 개념은 완연한 세속화에 접어든다. 성공지상주의는 너무도 당연하게 삶의 최우선 순위가 되었다. 이 성공지상주의에서는 "일의 궁극적인 목적은 자아성취이고, 일에서의 성공이 바로 인생의 성공을 의미하며, 얼마나 많은 물질적 부를 소유했으며, 그의 전문성이 어느 정도 인정받느냐, 그리고 그의 신분이 무엇인가로 그의 성공 여부를 평가한다. 또 일을 통해 무엇이든 얻을 수 있다고 여기며, 자신과 가족의 생존을 위한 수단으로서 일은 늘 요지부동의 일 순위이다."[8]

셔먼(Doug Sherman)과 헨드릭스(William Hendricks)는 일에 대한 이러한 세속적인 개념은 적어도 세 가지 점에서 부정적이라고 말한다.

첫째, 일의 세속적 개념은 일과 자신이 해낼 수 있는 역량보다 더 많은 것을 기대한다.
둘째, 일의 세속적 개념은 성공지상주의를 우상화할 수 있다.
셋째, 일의 세속적 개념은 일의 시스템에서 하나님을 제외한다.[9]

성공지상주의에 빠진 현대인들의 실낙원의 정글을, 에덴동산이 아닌 자신의 동산으로 만들려는 모든 시도와 투쟁은 이미 정해진 처참한 패망으로 끝나게 되어 있다. 영적 원칙이 지켜지지 않는 모든 일터들이 황폐화되고 있다. 전 세계의 일터에서는 이 황폐함을 향해 거침없이 달려가는, F1 경주에서 질주하는 차보다 더 빠르고, 치열한, 목적지를 상실한, 불안한 경주가 진행되고 있다.

"'career'(커리어)라는 단어는 원래 '마차'에 해당하는 라틴어에서, 후에는 '경기장 레이스 코스'라는 뜻의 중세 프랑스어에서 유래했다. 웹스터 사전은 'career'를 '전속력으로 힘차게 달려가다' 혹은 '질주하다'로 정의한다. 다른 말로 하면, 오랫동안 정말 빠른 속도로 달려가지만 그 어디에도 결코 이르지 못한다는 말이다."[10]

2. 기독교적 관점에서의 일

"접시를 닦는 일과 설교하는 일은 하나님을 기쁘시게 한다는 점에서
동일하다."[11]_윌리엄 틴데일(William Tyndale)

"일은 사역이다."[12]_패트릭 모레이(Patrick Morley)

"일은 세상을 조금 더 좋은 처소로 만들어, 하나님이 만물을 소유하
시는 그 방법에 조금 더 가까이 하려는 모든 노력이다."[13]_그레고리 피
어스(Gregory F.A. Pierce)

어떤 단어가 특정 문맥 속에서 가지는 의미를 정확히 파악하려면, 그
단어가 지닌 사전적 정의 이상의 뜻을 찾아야 한다. 또한 전문 영역에서
사용될 때의 단어는 보다 독특한 전문적 의미를 가진다. 이를 찾는 일은
참으로 힘든 '창조적 작업'임을 경험자들은 공감할 것이다. 『옥스퍼드 영
어 사전』(*The Oxford English Dictionary*)에 따르면, 일(work)이란 단어가 명
사로 사용되는 경우에는 34개의 다른 의미가, 동사로 사용되는 경우에
는 39개의 의미가 있다. 그러나 이 단어를 우리가 다루게 될 영적 의미와
선교-사역적 의미로 정의하려면 여간 어렵고 힘든 일이 아니다. 그러나
옥스퍼드 선언은 일에 대해 매우 탁월한 정의를 제공하고 있다.

"일이란 일 자체를 위해서가 아니라 인간의 욕구를 충족시키기 위해
행해지는 모든 활동이다. 일은 하나님이 태초에 인간을 창조하셨던 바
로 그 목적에 속하고 있다. '온 땅의 생물을 다스리게 하기 위해서' 하
나님의 형상을 따라 인간을 창조하셨다(창 1:26-28). 창세기 2장 15절
에는 하나님이 아담을 창조하시고 그를 에덴동산 안에 두어서 일하게,
즉 '다스리며 지키게' 하셨다고 기록하고 있다. 인간은 이 위임 명령을

수행함으로써 하나님을 영화롭게 하는 것이다. 타락했지만, 인간들이 '나와서 노동함으로써'(시편 104:23), 인간 실존에 대한 창조주의 원래 목적을 달성한다."(옥스퍼드 선언 13항)[14]

타락한 세상은, 폴 마샬의 표현대로, "어떤 사람들은 절망적인 빈곤의 악순환에 빠져 헤어나지 못하고 끊임없이 일할 수밖에 없는 상태다. 노동은 허리가 휘어지며 고통스럽고 지루하며 무의미할 수 있다."[15] 그리스도인들에게는 "이것은 하나님의 의도하신 바가 아니다. 그러나 노동을 거부하거나 경멸하는 것도 해결책이 아니다."[16]

그렇다면 그리스도인에게 일이란 무엇일까? 일은 하나님께서 자기를 닮은 인간을 창조하셔서 "다스리고 지키도록" 인간에게 주신 사명이자 예배 행위이다. 그러므로 하나님의 백성에게 일은 '예배로서의 일', '하나님의 창조사역으로서의 일', '소명으로서의 일', '하나님 나라의 건설과 확장사역으로서의 일'의 성격을 가지며 마땅히 하나님의 백성으로서 행해야 할, 생존을 너머서는 그 무엇이며, 이 땅에서 하나님의 다스림 즉 '샬롬을 확산시키는 행위'로 이해할 수 있다.

1) 예배로서의 일

"일은 예배행위이다."[17]

일은 하나님을 영화롭게 하는 행위이자 곧 예배의 행위이다. '경배'를 뜻하는 히브리어 '아보다(*Avodah*)'에서 유래된 단어가 '일(노동)'을 포함하고 있는 것을[18] 고려할 때, 그리스도인에게 일은 그 자체가 하나님을 영화롭게 하는 예배 행위이며, 하나님의 일을 이루는 사역이다. 그러나 "우리가 하는 일을 통해서 하나님께 경배하는 것은 저절로 되는 것이 아니다. 우리는 모든 삶의 현장, 즉 사무실과 놀이터, 성소에서 하나님께 예배하면서 일해야 한다.”[19] 그리스도인들은 자신의 일과 예배를 구별해서는 안 되며, 당연히 일과 예배를 통합하는 일상을 살아야 한다.

“일과 예배를 구별시키지 말라. 평일에 당신이 하는 그 일을 사역의 한 형태로 이해하라. 만약 이것이 가능하지 않다면 당신은 변화를 생각해 보아야 할 사람이다. 하나님이 당신에게 주신 은사를 마치 아프리카 오지에서 사역하는 선교사처럼 사역의 한 형태로 온전하게 사용해 보라.

이처럼 하나님이 당신을 불러 명하신 그 일에 당신의 시간 전부를 사용하지 않고 있다면 당신은 과연 누구를 위해 일하고 있는가?”[20]

2) 하나님의 창조사역으로서의 일

“하나님은 선을 수반하는 일을 하시고, 자신의 노동의 열매를 즐기시며, 그 열매를 이웃과 나누시면서 지속적인 창조활동을 하신다. 하나님의 형상으로 지음받은 인간 역시 무엇인가를 만들 수 있고, 그들의 수고의 대가인 노동의 열매를 거리낌 없이 즐기면서 이웃과 나눌 수 있다. 이처럼 하나님은 당신이 창조하신 것들로 인해 기뻐하시면서 창조물의 보존과 번영에 지대한 관심을 갖고 계신다. ‘생육하라’, ‘번성하라’, ‘충만하라’, ‘정복하라’(창 1:28) 등의 아담과 하와에게 주신 하나님의 첫 축복과 명령은 인간 역시 하나님과 같이 일하는 존재임을 증거한다.

창조물을 돌보고 잘 관리해야 하는 책임과 더불어 창조물을 즐기고 누리라는 초대도 있다. 우리는 하나님의 창조물을 보호해야만 한다. 우리는 서로가 서로를, 또한 지으신 만물이 섭리에 따라 운행하는 과정을 존중하고 돌볼 책임이 있다.

하나님은 우리에게 우리의 과업을 성취할 능력을 주신다. 아담과 이브는 부를 창조해야 하는 부가가치창조에 연루되었다! 일은 원재료를 식품과 제품과 서비스로 바꾸게 한다. 일은 부(잉여물, 흑자)를 만들고, 부는 더 많은 일자리 창출을 만든다."[21]

하나님은 예배를 통해 우리와 함께 하시듯 창조사역을 계속하시는 일에 우리와 동역하신다. 이런 점에서 일은 철저히 영적임과 동시에 또한 철저히 인간적인 것이다. 일은 창조에 있어서 인간과 하나님의 동역을 나타내는 분명한 행위이다. 일은 하나님께서 인간에게 위임하신 것으로, 피조물에 대한 청지기적 사명에 근거한 인간의 활동이다. 하나님은 우리에게 이를 행할 수 있는 창조적 능력과 지혜와 도구(은사/재능)를 주신다. 하나님께서 스스로 창조하신 것을 보시고 즐거워하셨듯이, 하나님의 형상을 닮은 우리 역시 유용하고 탁월한 제품과 서비스를 창조하면서 즐거워할 수 있다.

3) 소명으로서의 일

"우리 모두에게는 할 일이 있다. 그것도 아주 고차원적인 일인 하나님의 피조물을 경영하는 것이다. 이것은 이 땅의 모든 남녀노소가 하나님께 받은 소명이다. 모든 직업, 우리가 살아가기 위해서 또 한 끼 양식을 얻기 위해서 하는 모든 일은 그것이 아무리 사소한 것이라 할지라도—버스를 운전하는 일이든, 표지판을 칠하는 일이든, 전화를 받는 일이든, 컴퓨터 프로그램을 만드는 일이든 간에—세상을 경영하라는 이 명령에 비추어 볼 수 있다. 스스로 이 진리를 발견할 때, 우리가 누구

며 우리의 참된 행복이 무엇인지를 발견할 수 있을 것이다. 그때 우리
각자가 가진 독특한 빛깔들이 우리의 존재 안으로 되돌아오게 될 것이
다."[22]_벤 패터슨(Ben Patterson)

하나님의 피조물인 인간의 삶의 목적은 '하나님을 영화롭게' 하는 것
이다. 무엇으로 우리가 하나님을 영화롭게 할 수 있는가? 우리는 일을
통하여 하나님을 영화롭게 할 수 있다. 일은 신성하고 존엄하며, 하나님
의 나라를 건설하는 사역이고, 그리스도인의 소명이다.

그리스도인의 소명의 장인 일터는 '일'이 행해지는 '터'이다. 그리스도
인에게 있어서 중요한 것은 이 터에서 이루어지는 일이 하나님의 일이라
는 확신을 가져야 한다. 자기에게 맡겨진 일을 소명으로 인식하고, 그 일
을 영적 원칙으로 성취하는 것이 그리스도인의 영원한 사명인 것이다. 이
와 관련하여 다음의 로버트 뱅크스(Robert Banks)의 글은 일터의 그리스
도인에게 심오한 도전을 준다.

"사람들이 자기 직업에 대해 소명감을 갖고 천직으로 여기면 그의 내면
은 크게 변한다. 자신의 직업에 관한 강한 소명을 느낄 때, 이것은 신
앙과 사회 활동 간의 교량 역할을 한다. 소명감이 생긴 자는 행동과 직
장생활에서 드러난다.

그러나 소명의식이 직업의식으로 바뀌면 사람의 개인적인 삶(주일)
과 공적인 삶(월요일부터 금요일까지) 사이에 연결고리가 약해진다. 따라서
직업은 거룩한 사명이기보다는 개성의 표현이 되며 부르심에 대한 순종
이라기보다는 개인적인 성취수단이 된다. 그리고 사회적인 변화라기보
다는 개인적인 충족감이 된다."[23]

4) 하나님 나라의 건설과 확장사역으로서의 일

우리의 소명은 '하나님 나라의 건설과 확장사역으로서의 일'에 관한 것이다. 만약 우리의 소명이 '나의 영역 건설과 확장을 이루는 일'이라면, 우리의 삶은 이미 패망한 것이다. 따라서 일이라는 현실에서 결코 분리될 수 없는 우리는 누구를 위해, 또 무엇을 위해 일에 헌신하고 있는지에 대한 영적 좌표 확인이 반드시 필요하다. 대로우 밀러(Darrow L. Miller)는 『직업에 대한 성경 신학의 발전화』라는 책에서 다음과 같이 성경적 일에 대해 설명한다.

> "성경적 세계관은 일이란 신성하고, 노동은 존엄하다는 틀을 제공한다. 일에 대한 이러한 개념은 자신의 소명이 곧 직업이라는 것이다. 이러한 성경적 개념으로 이해하자면, 하나님은 이 세상에서 하나님의 왕국을 건설하고 계시며, 다른 것들 중에서, 하나님께서는 우리를 불러 우리의 일을 통해 하나님의 왕국을 건설하는 데 참여하게 하신다."[24]

우리는 살기 위해 일하는 것이 아니라, 하나님이 위임하신 일을 하기 위해 살아가는 것이다. 그렇기 때문에 우리의 직업이 무엇이며, 월급이 얼마인지보다는 그 일을 통해 하나님께서 우리에게 위임하신 일을 잘 감당하고 있는지가 그리스도인의 초유의 관심이 되어야 한다. 그 결과에 따라 하나님은 우리를 평가하신다(마 25:14-30). 사람들은 일을 통해 삶의 안전을 도모하고, 자신의 직업을 통해 신분의 상승을 꾀하는 것이 일반적이다.

그러나 그리스도인들은 일을 통해 하나님의 영광을 드러내고, 직업을 통해 소명을 이루어야 한다. 소명은 궁극적으로 하나님 나라 건설과 확장사역을 위한 영향력을 일을 통해 흘려보내는 것이다. 하나님께서 우리에게 주신 수입의 일부를 헌금으로 드리는 것은 그리스도인으로서 마땅한 일이나 헌금을 드리기 위한 목적으로 일을 하는 것만은 아니다. 만약 동일한 전문성을 가진 의사 중에, 교회에 십일조를 많이 드리기 위해 환자를 치료하는 의사와 그리스도를 섬기듯이 환자를 섬기는 의사 중 여러분은 누구의 치료를 받겠는가? 당연히 후자일 것이다. 후자의 의사는 일을 통해 하나님께서 자기에게 위임하신 일에 전적으로 헌신할 뿐만 아니라, 그 의사의 섬김과 영적 탁월성을 통해, 그가 치유하는 환자들에게 그리스도의 복음이 노출되게 하여 하나님 나라를 건설하며 확장하는 사역을 감당한 것이다.

일이 하나님께서 맡기신 소명이라는 점에서 일에는 귀천이나 차별이 있을 수 없으며 일을 통해 받는 보수와 일의 가치와는 별개이다. 이와 관련하여 벤 패터슨을 다음과 같이 말한다.

"어떤 일도 천하지 않다. 사람의 손길이 필요한 일이 있다면 그 일은 가치 있는 일이다. 사울이 왕이 된 이후에도 소를 몰고 밭을 갈았지만 그것은 이스라엘 왕으로서 그가 지녀야 할 존엄성에 조금도 누를 끼치지 않았다. 그러나 하나님의 피조물에 대한 청지기라는 우리의 소명에 비추어 볼 때 보수는 대단히 많아도 그 가치는 보잘 것 없는 일들이 있다."[25]

그리스도인들은 '예배로서의 일', '하나님의 창조사역으로서의 일', '소명으로서의 일', '하나님 나라의 건설과 확장사역으로서의 일'이라는 무한 가치의 사역에 급여의 유무와 그 많고 적음에 관계없이 전적으로 헌신하는 기쁨과 감격을 누리는 지혜가 필요하다. 이런 의미에서 일과 관련하여 모든 그리스도인들이 명심해야 할 세 가지 사항이 있다.

첫째, 우리는 진정한 인간의 과업 모두가 동등하게 하나님에 의해서 주어진 것이며 동등하게 영적인 것임을 인정해야 한다. 분명 때때로 어떤 것들은 더 시급하며 다른 것들보다 우선한다. 그러나 어떠한 종류의 행위에 대해서도 다른 행위와 비교하여 근본적인 영적 우선성을 주장할 수 없다.

둘째, 노동을 인간적인 성취에 역행하는 것으로 생각해서는 안 된다.

셋째, 우리는 노동이 하나님의 형상으로 지음받은 피조물의 행위라는 사실을 삶으로 드러내야 한다.[26]

3. 일의 목적

성공지상주의의 요점은 '자아실현을 위해', '자기가 주도하며', '자기의 노력으로', 그리고 '자기를 위해서'이다. 성공지상주의자들은 일을 통해 자아를 실현하고자 하며, 모든 일을 자기가 주도하며, 모든 노력을 자기를 위하여 집중한다. 일은 철저히 자아실현과 입신양면의 수단이 되며, 그 과정에서 이기주의와 경쟁심은 극에 이르게 된다.

그러나 그리스도인들의 일의 목적은 성공지상주의자들의 그것과는 차원과 격이 다르다. 예를 들어, 존 맥스웰은 일에는 다섯 가지의 목적이 있다고 한다. 첫째, 우리는 일을 통해 양식을 구할 수 있으며, 둘째, 일을 통해 우리의 인격이 개발되며, 셋째, 일이 곧 예배이므로 일을 통해 예배하며, 넷째, 일을 통해 예수님을 닮아가며, 마지막으로 일을 통해 다른 사람을 섬기는 것이다.[27] 셔먼(Doug Sherman)과 헨드릭스(Willam

Hendricks)가 제시하는 일의 다섯 가지 목적은 다음과 같다. 첫째, 사람들을 섬기고, 둘째, 우리의 필요를 충족시키고, 셋째, 우리 가족의 필요를 충족시키며, 넷째, 이웃에게 줄 돈을 벌고, 다섯째, 하나님을 사랑하기 위해 일을 해야 한다.[28]

분명히 일은 하나님을 사랑하고 이웃을 우리 몸처럼 사랑하고 섬기는 행동이자, 채워 주시기 원하시는 하나님의 사역에 적극적으로 동역하는 것이다. 이런 점에서 사도 바울의 경고는 준엄하다. "누구든지 자기 친족 특히 자기 가족을 돌보지 아니하면 믿음을 배반한 자요 불신자보다 더 악한 자니라"(딤전 5:8).

4. 일의 영성

"일의 영성은,
세상을 조금 더 좋은 처소로 만들어,
하나님이 만물을 소유하시는 그 방법에
조금 더 가까이 하려는 모든 노력을 통하여,
우리 자신과 우리의 환경을 하나님에게 맞추고,
또 이 세상에 하나님의 영을 실제화시키려고 행하는
(영적으로) 훈련된 시도(a disciplined attempt)이다."_그레고리 피어스[29]

영성을 "우리 자신과 우리의 환경을 하나님께 맞추고 또 이 세상에 하나님의 영을 실제화시키려고 행하는 (영적으로) 훈련된 시도(a disciplined attempt)이다."[30]라고 정의하는 그레고리 피어스의 일의 영성에 대한 정의는 매우 실천적으로 로잔이 제시하는 일터영성과 맥락을 같이한다.[31] 그레고리 피어스가 정의한 일의 영성이 우리의 삶 속에서 구체화되려면, 이를 훈련할 수 있는 방법을 발전시켜야 한다. 물론 이는 아무도 보지 않고, 알지 못하는 혼자의 공간에서도 하나님과 사람 앞에 올바를 수 있어야 한다는 것을 전제로 한다. "너는 기도할 때에 네 골방에 들어가 문을 닫고 은밀한 중에 계신 네 아버지께 기도하라 은밀한 중에 보시는 네 아버지께서 갚으시리라"(마 6:6).

그레고리 피어스는 일터의 영성 훈련을 발전시키기 위한 다섯 가지를 제안한다.[32]

① 일터에서 '일의 영성'을 훈련할 수 있어야만 한다. 우리가 어떤 직종에서 일하든지, 그 일에서 우리의 영성 훈련이 가능해야 한다. 우리가 하나님을 발견하기 위해 일터를 떠나서는 안 된다.

② 일의 방해를 받지 않고 '일의 영성'을 훈련할 수 있어야만 한다. 훈련이 산만해지고, 손상을 입으면, 역효과적이 되고 이내 이 훈련을 포기하게 될 것이다.

③ 이 훈련은 정기적으로 일관성 있게 진행될 수 있어야만 한다.

④ 영적인 존재가 되기보다는 영성 훈련 그 자체에 더 집중해서는 안 된다.

⑤ 우리가 '일의 영성'을 훈련하고 있다는 사실을, 일터에서 아는 사람이 없이, 훈련할 수 있어야만 한다.

5. 일의 원칙

건강하고 성숙한 사람에게 나타나는 공통적이면서 분명한 특징은 세 가지이다. 이들은 자신의 정체성에 대한 이해와 확신이 분명하고, 삶의 목적이 선명하며, 마지막으로 삶의 살아가는 원칙이 철저하다는 것이다.

이러한 특징은 일에도 정확히 적용된다. 올바른 일(the right thing)을 올바른 목적(the right purpose)과 올바른 원칙(the right principle)으로 행한다면 이는 지구공동체에 샬롬을 이루며 하나님 나라의 건설과 확장에 매우 유익한 사역인 것이다. 그러나 이 중에 하나라도 결여되거나 잘못된다면, 지구공동체의 샬롬을 파괴하게 된다.

그리스도인들이 일터에서 하나님의 샬롬을 이루고, 하나님의 왕국을 건설하는 일에 효과적으로 동참하기 위해 로잔의 제안은 매우 중요한 가치가 있다.

① 일의 직업적 소명을 인정하라.
② 일에 대한 하나님의 특별한 목적을 발견하라. 지역 경제와 환경에 대한 비즈니스와 영향력을 확인하라. 비즈니스가 어떻게 지역 교회와 일반 교회들과 함께 일할 수 있는가를 밝혀라.
③ 경제적, 사회적, 환경적 그리고 영적 영향의 관점에서 비즈니스를 위한 분명한 책임감과 지원 체제를 수립하라.
④ 멘토로서 가능성을 지닌 사람들을 파악하고, 리더십을 개발할 수 있는 관계들을 확인하라.[33]

예배의 행위이자 소명인 '일'에 그리스도인들은 어떤 원칙을 가져야만 하는가? 칼 바르트(Karl Barth)는 그리스도인의 일에 대한 기준을 다섯 가지로 제시한다. 첫째는 '객관성의 기준'으로 마음과 혼이 푹 빠질 수 있는 일이어야 하고, 둘째는 '가치의 기준'으로 인간의 존재양태를 향상하고 아름답게 꾸미는 일이어야 하며, 셋째는 '인간성의 기준'으로 사람을 순전히 도구로만 이용하는 일은 제외해야 하며, 넷째는 '성찰의 기준'으로 내면의 성찰과 묵상 작업이 배제되지 말아야 하고, 마지막으로는 '한계의 기준'으로 안식일의 제약을 받아야 한다는 것이다.[34]

피터 차오(Peter Chao-Eagle Communication 대표)는 일에 대한 도덕적 원칙 네 가지를 매우 창의적인 용어를 사용하여 제시한다. 첫째는 '내가 이 일을 하면 밤에 잠을 잘 잘 수 있을까?'라는 '수면 테스트'와, 둘째는 '만일 이 일이 조간신문의 전면을 장식한다면, 내가 하겠는가?'라는 '신문 테스트', 셋째는 '내가 이 일을 하면, 거울 앞에 섰을 때 나 자신에 대해 거리끼지 않을까?'라는 '거울 테스트', 그리고 넷째는 '내가 이 일을 하면, 거리낌 없이 십대 자녀에게 이야기해 줄 수 있을까?'라는 '어린이 테스트'이다.[35]

또한 리처드 포스터(Richard Foster)는 『돈-권력-섹스』라는 책에서 일에 대한 매우 성경적이며 적절한 여섯 가지 원칙을 제시한다.

① 신앙인으로서 우리는 노동의 선한 본질과 필요성을 확언한다.
② 신앙인으로서 우리는 인간의 삶을 풍성하게 허 주는 일은 인정하지만 인간의 삶을 파괴하는 일은 거부한다.
③ 신앙인으로서 우리는 인간의 가치가 경제적 가치보다 우선함을 단언한다.
④ 신앙인으로서 우리는 노사관계에서 서로 상대방의 위치를 고려하여 관계를 맺을 필요가 있음을 선언한다.
⑤ 신앙인으로서 우리는 쓸데없는 것들을 사고파는 행위를 거부한다.
⑥ 신앙인으로서 우리는 우리들의 이웃을 속이는 행위를 거부한다.[36]

칼 바르트가 제시하는 다섯 개의 원칙과 피터 차오가 제시하는 네 가지 원칙, 그리고 리처드 포스터가 제시하는 성경적 원칙 여섯 가지를 모두 모아 한 마디로 정의하면 타락 이전에 에덴이라는 일터를 지배했던 '샬롬의 원칙'이다. 샬롬에 관한 최고의 성경적 개념은 하나님, 나, 이웃, 그리고 하나님의 피조물과의 관계에서 '흠 없음'과 '평화'이다.

이 샬롬의 원칙이 지배되는 일은 "택한 자가 그 손으로 일한 것을 길이 누리는"(사 65:22b), 도래할 천국인 것이다. 그러므로 일의 성경적 원칙이 지배하는 일터는, 하나님께서 강력히 원하시는 '샬롬의 터'이다. 하나님께서는 이미 오래전 선지자를 통해 이 '샬롬의 터'를 우리에게 제시하셨다.

"그 때에 이리가 어린 양과 함께 살며 표범이 어린 염소와 함께 누우며 송아지와 어린 사자와 살진 짐승이 함께 있어 어린 아이에게 끌리며 암소와 곰이 함께 먹으며 그것들의 새끼가 함께 엎드리며 사자가 소처럼 풀을 먹을 것이며 젖 먹는 아이가 독사의 구멍에서 장난하며 젖 뗀 어린 아이가 독사의 굴에 손을 넣을 것이라 내 거룩한 산 모든 곳에서 해됨도 없고 상함도 없을 것이니 이는 물이 바다를 덮음 같이 여호와를 아는 지식이 세상에 충만할 것임이니라"(사 11:6-9).

"이리와 어린 양이 함께 먹을 것이며 사자가 소처럼 짚을 먹을 것이며 뱀은 흙을 양식으로 삼을 것이니 나의 성산에서는 해함도 없겠고 상함도 없으리라"(사 65:25).

그리스도인은 '하나님의 창조사역으로의 일', '소명으로서의 일'이자 '하나님 나라의 건설과 확장사역으로서의 일'을 통해 이 땅에 샬롬을 이루는 자이다. 샬롬은 그의 피조물에 대한 하나님의 의도이며, 땅을 가꾸며 서로 돌보라는 창조의 명령에 포함되어 있다. 샬롬은 하나님 백성의 소망과 평화, 일체와 복지의 비전을 구체화했다(왕상 4:25, 시 85:10-13). 하나님께서 우리에게 주신 재능과 기회와 시간에 대한 효율과 효과를 극대화하는 원칙을 포함하여(마 25:14-30), 이 샬롬을 이루기 위한 일의 원칙은 다음과 같다.

① '믿음의 원칙'으로 일을 통해 하나님의 뜻을 이루는 것이며,
② '사랑의 원칙'으로 일을 통해 이웃을 총체적으로 사랑하는 것이며,[37]
③ '창조보존의 원칙'으로 일을 통해 하나님의 창조를 유지 발전시키는 것이며,
④ '총력화의 원칙'으로 맡은 모든 일에서 최상의 노력과 재능, 능력을 사용하는 것이다.

"하나님은 일의 종류에 따라 차별을 두지 않으시며, 열정 없이, 대충하는 일은 하나님께 영광이 되지 못한다. 하나님은 일의 중요성에 상관없이 내가 맡은 모든 일에서 최상의 노력과 재능, 능력을 사용하시기를 기대하신다."[38]

주

1) 노동은 식량-의복-집 등 인간의 기본적인 물리적 요구를 충족시키는 기능을 한다. 산업혁명의 개시와 18, 19세기 기계의 발전이 결국 공장과 들판에서 고된 육체노동을 제거했지만 노동은 여전히 쾌락과는 다른 것으로 간주되며 노동과 놀이에 대한 이분법적 사고는 고도의 산업사회인 오늘날까지도 계속 유지되고 있다. 『브리태니커 백과사전』(*Encyclopaedia Britannica*)
노동 또는 근로는 경제활동에서 재화를 창출하기 위해 투입되는 인적 자원 및 그에 따른 인간의 활동을 뜻한다. 흔히 자본, 토지와 함께 생산의 3대 요소로 불린다. 노동은 보수를 대가로 한다는 점에서 취미, 여가와 같은 인간의 다른 활동과 구별된다. 『위키백과』(*Wikipedia*)
2) 폴 마샬, 『천국만이 내 집은 아닙니다』, 김재영 역(서울: IVP, 2000), pp.111-112.
3) 독자들의 이해를 돕기 위해 저자가 만든 신조어임.
4) 도시화 이후 '일터-교회-집' 사이의 거리가 멀어지면서 일터의 삶과 교회에서의 신앙, 집에서의 삶이 분리된 현상을 말한다.
5) 조지 헌터(George Hunter III) 교수는 세속화(Secularization) 된 원인을 역사적으로 여섯 가지 사건에서 찾는다. ① 중세 문예부흥 운동, ② 루터와 칼빈의 종교개혁에 의한 기독교국의 분열, ③ 국가주의, ④ 과학의 발굴로 인한 서양인들의 의식 변화, ⑤ 기독교에 대해 의심하게 했고, 기독교에 대체하는 신념과 원인을 제공했던 계몽주의, ⑥ 도시화. (조지 헌터 3세, *How to Reach Secular People*, pp. 26-29).
6) 윌키 오, 『마음의 길을 통하여』, 황애경 역(서울: 바오로딸, 2000), pp. 67-68.
7) Doug Sherman-William Hendricks. *Your Work Matters To God*. NavPress. p. 19.
8) 위의 책. pp. 25-32.
9) 위의 책. pp. 33-45.
10) 댄 밀러, 『나는 춤추듯 일하고 싶다』, 김영실 역(서울: 미션월드라이브러리, 2006), p. 73.
11) 폴 마샬, 『천국만이 내 집은 아닙니다』, 김재영 역(서울: IVP, 2000), p. 96.
12) Patrick Morley. *A Man's Guide To Work*. Moody Publishers, p. 18.
13) 그레고리 F.A. 피어스, *Spirituality at Work*, Loyola Press, p. 17. 그레고리 F.A. 피어스는 출판인이자, 사업가이면서 미국 천주교평신도협회 전 회장이었고, '경제정의를 위한 기업임원들'이란 모임의 창립자이다.
14) '옥스포드 선언(Oxford Declaration on Faith and Economics)'은 1990년 1월 세계 각지에서 모인 100명 이상의 신학자, 경제학자, 윤리학자, 발전 실무자, 교회 지도자들과 기업 경영자들이 '기독교 신앙과 경제학'에 관해 공동으로 발표한 선언이다.
15) 폴 마샬, 『천국만이 내 집은 아닙니다』, 김재영 역(서울: IVP, 2000), p. 95.

16) 위의 책. p. 95.
17) 매츠 튜네핵 외 2인, *Business As Mission*, 김기영 역(서울: 예영커뮤니케이션, 2010), pp. 48-49.
18) 오스 힐먼, 『일터사역』, 조계광 역(서울: 생명의말씀사, 2007), p. 23.
19) 존 맥스웰, 『크리스천이 직장에서 성공하는 법』, 김용환 역(서울: 국제제자훈련원, 2008), p. 200.
20) 댄 밀러, 『나는 춤추듯 일하고 싶다』, 김영실 역(서울: 미션월드라이브러리, 2006), p. 136.
21) 매츠 튜네핵 외 2인, *Business As Mission*, 김기영 역(서울: 예영커뮤니케이션, 2010), pp. 48-49.
22) 벤 패터슨, 『일과 예배』, 김재영 역(서울: IVP, 1997), p. 11.
23) 크리스토퍼 크레인, 마이크 하멜, 『왕 같은 제사장 경영자의 영향력』, 서진희 역(서울: 국제제자 훈련원, 2007), p. 52.
24) 대로우 L. 밀러, 직업에 대한 성경 신학의 발전화, 2002.
25) 벤 패터슨, 『일과 예배』, 김재영 역(서울: IVP, 1997), p. 23.
26) 폴 마샬, 『천국만이 내 집은 아닙니다』, 김재영 역(서울: IVP, 2000), p. 95-97.
27) 위의 책. pp. 194-208.
28) Doug Sherman, William Hendricks. *Your Work Matters To God*. NavPress. p. 87.
29) Gregory F.A. Pierce, *Spirituality Work*. Loyola Press. p. 18.
30) 위의 책. p. 15.
31) 로잔 Marketplace Ministry 보고서. pp. 37-41.
32) Gregory F.A. Pierce, *Spirituality Work*. Loyola Press. pp. 29-30.
33) 매츠 튜네핵 외 2인, *Business As Mission*, 김기영 역(서울: 예영커뮤니케이션, 2010), p. 166.
34) 폴 스티븐슨, 『하나님의 사업을 꿈꾸는 CEO』, 홍병룡 역(서울: IVP, 2006), p. 27.
35) 위의 책, p. 204.
36) 리처드 포스터, 『돈-권력-섹스』, 김영호 역(서울: 두란노, 2002), pp. 83-84.
37) 이웃을 향한 총제적인 사랑이란 이웃의 물질적, 관계적, 영적 필요들을 채워 주는 구체적인 사랑을 의미한다.
38) 데니스 바케, 『일의 즐거움』(*Joy At Work*), 송경근 역(서울: 상상북스, 2007), p. 269.

일터(The Marketplace)

남궁 억

삼천리 반도 금수강산 하나님 주신 동산
삼천리 반도 금수강산 하나님 주신 동산
이 동산에 할 일 많아 사방에 일꾼을 부르네
곧 이날에 일 가려고 누구가 대답을 할까

1. 일터의 정의

"일터는 시지프스가 바위를 산꼭대기까지 끊임없이 굴려 올려야만 하
는 그곳이 아닌 것은 분명하다."

'Marketplace'란 단어 역시 사전적 정의는 명확하지만, 선교-사역의
영역에서는 분명 사전적 정의 그 이상의 의미가 있다. 이 영역의 전문가
들은 서둘러 Marketplace의 전문적 정의를 내려야 한다.

번역 경험이 많은 전문가에게 "번역에 있어서 가장 어려운 것이 무엇
인가?"를 묻는다면 그(그녀)는 "노 타임"으로 대답할 것이다. "번역에 있어
서 가장 어려울 뿐만 아니라 중요한 것은 단어에 대한 문맥상, 또는 전문
적 정의를 찾는 작업입니다." 얼마 전, 한국 일터사역의 선각자인 방선기
목사는 Marketplace의 번역과 관련하여 다음과 같은 글을 썼다.

"영어권에 있는 사람들조차도 Marketplace가 시장의 의미로 축소 해
석될 수 있다는 것을 느꼈기 때문인지 그 말 대신 요즘에는 Work-
place Ministry라는 말로 바꾸어 쓰기 시작해서 Workplace가 기존
의 Marketplace보다 더 많이 쓰이고 있다. 이런 용어의 변화를 통해
서도 짐작할 수 있듯이 Marketplace의 의미는 물건을 사고파는 시장
의 의미보다는 '일하는 곳'이라는 의미를 담으려는 말이었다."

저자는 방 목사의 의견을 전적으로 지지한다. 'Marketplace'는 『영한
에센스사전』에 따르면 "시장, 장터; 상업의 중심지; (의견·아이디어 등 무형 가
치 교환의) 중심지"이다. 명료하다. 『웹스터사전』은 일터를 "거래와 경제 활
동의 세계"로 정의한다. 간결하다. 그렇다면 이 단어가 선교-사역적 맥락

에서 갖는 정의는 무엇일까? 이와 관련하여, 풀러신학교의 비즈니스 스쿨(the School of Business)의 설립 학장이자, 작금의 비즈니스 미션 영역의 최고 권위자인 닐 존슨 교수(C. Neil Johnson)는 다음과 같이 말한다.

> "'일터'란 용어를 정의하는 데 문제가 있다.[1] 이를 주제로 다룬 많은 책들이 있지만, 이 용어를 정의한 책은 아직 어디에도 없다."[2]

2005년 초까지 미국에서 '일터사역(Marketplace Ministry)'이란 주제로 출판된 책이 2,000여 권에 이르는데,[3] 5년이 지난 지금에는 그보다 훨씬 많은 책이 출판되었다. 그러나 이 중에서 '일터'란 단어를 정확히 정의한 책을 찾을 수 없다. 결국 이 단어를 선교–사역적으로 정의하는 작업이 이러저러한 이유로 난타전을 치루고 있다고 보아야 할 것이다. 물론 '일터사역'이란 선교 운동이, 다른 선교 운동에 비해 이제 막 태어난 신생아 수준이라는 것도 중요한 요인이 될 것이다. 어쨌든 선교–사역적 영역에서 일터는 당분간 그 정의가 모호할 것이며, 때문에 '일터사역'의 정의 역시 나름의 산고의 기간과 진통이 있은 후에야 분명해질 것이다.

그러나 현재까지 일터의 정의와 관련된 몇 개의 중요한 언급을 들자면 다음과 같다. 윌로우크릭교회의 담임 목사인 빌 하이블스(Bill Hybels)는 'Marketplace' 대신 'workplace' 혹은 'job site'를 사용하면서, 이곳은 "하나님이 주신 일을 하면서 생계를 이어가고 긍지를 얻고, 사회의 가치를 창조하는 곳이다."[4]라고 말하였고, 닐 존슨은 "(일터는) 지구상의 모든 사람들이 직–간접적이며 실질적으로 접촉하는 유일한 기관으로, 전체 사회, 문화, 사람 집단에 스며 있으며, 역사 속의 모든 종교와 정치 시스템의 중심부에도 스며 있다."라고 정의했다. 또한 에드 실보소(Ed Silvoso)는 "일터는 비즈니스와 교육계와 정부/정치의 연합이다."[5]라고 주장했다.

이들의 정의를 종합해 보면 다음과 같다.

"일터는 하나님의 주신 일로 생계를 이어가고 긍지를 얻고, 사회의 가
치를 창조하는 곳이자 지구상의 모든 사람들이 실질적으로 접촉하는
유일한 기관으로, 비즈니스, 교육계와 정부/정치, 사회, 문화, 사람 모
든 종교 등의 모든 영역을 다 포함한다."

일터는 상업적 비즈니스 세상 그 이상의 영역으로 인류의 영적, 경
제적, 관계적, 사회적, 그리고 환경적 교류가 가장 생생하게 이루어지는
'터'이며, 지구상에서 정글의 법칙이 가장 치열하게 적용되는 영역이다.
일터는 매력적인 곳이자, 이곳의 우상인 맘몬[6]이 득세하는 생존 투쟁의
장이며, 영적 전쟁이 가장 첨예한 선교 최전방이다. 일터는 일이 이루어
지는 '터'이다.

2. 타락한 일터('일터'인가, '돈터'인가?)

"결국은 실패할 일에 성공하는 것보다
결국은 성공할 일에 실패하는 게 더 낫다."_피터 마샬(Peter Marshall)

사람들이 일터로 향하는 목적은 무엇일까? '꿈의 성취?', '자아실현?',
'성공?'… 그 목적이 세속적이든, 영적이든, 또는 형이하학적이든 형이상
학적이든, 분명한 것은 우선 돈을 벌기 위해서이다. 돈은 나와 내 가족

을 생존하게 하며, 우리가 원하는 일들을 시작하고, 유지하게 한다. 생명은 피가 있어야 존재하고, 기능하듯이 우리 인생의 피는 돈이다. 돈이 있어야 인생이 존재하게 되고 기능하게 되는 것이 현실이다.

사람들은 단순히 생존만을 위해 일터로 향하지는 않는다. 다들 나름의 꿈과 희망을 품고 일터로 나간다. 하지만 그 꿈과 희망을 이루는 데 필요불가결한 요소가 돈이다. 돈이 많을수록 자신의 꿈과 희망을 이루기가 수월하다. 사람과 그 상황에 따라 그 정도는 다르지만. 부자가 되면 자신의 꿈과 희망을 더 쉽고 빠르게 성취할 수 있는 것은 분명하다.

때문에 일터는 돈터가 된다.[7] 일터에서는 돈을 많이 번 사람들이 주인공이고, 사람들은 이들의 신화에 집착한다. 빌 게이츠(William H. Gates)는 일터의 우상이다. 많은 이들이 빌 게이츠의 인격이라든가, 사회적 책임을 다하는 기업인으로서의 직업윤리가 어떠한지에 대해서는 별 관심이 없다. 단지 돈을 많이 벌어 횡재한 그와 같은 부자가 되려고 혈안이 되어 그의 일거수일투족에 깊은 관심을 보이고, 그에 관해 쓴 잡지의 글을 주의 깊게 읽는다.

이런 현상은 2,000년 전 예수님에게 몰려든 군중 중에 대부분이 예수님보다는 예수께서 베푸시는 떡에 더 관심이 있었던 것과 비슷하다. "예수께서 대답하여 이르시되 내가 진실로 진실로 너희에게 이르노니 너희가 나를 찾는 것은 표적을 본 까닭이 아니요 떡을 먹고 배부른 까닭이로다 썩을 양식을 위하여 일하지 말고 영생하도록 있는 양식을 위하여 하라 이 양식은 인자가 너희에게 주리니 인자는 아버지 하나님께서 인치신 자니라"(요 6:26-27).

물론 빌 게이츠는 우리 시대의 최고의 부자이다. 그러나 솔로몬 부에 비교하면 빌 게이츠의 부는 새 발의 피다. "왕이 예루살렘에서 은을 돌 같이 흔하게 하고 백향목을 평지의 뽕나무 같이 많게 하였더라"(왕상

10:27). 인류 역사상 최고의 경제적 번성기가 있었다면, 솔로몬 때였을 것이다. 선친 다윗에 이어 이스라엘 통일 왕국의 3대 왕이 된 솔로몬은 하나님의 지혜를 받아(왕상 3:4-15) 선정을 베풀어 국내외로 그 명성을 떨쳤다. 솔로몬은 박식한 학자로서 구약의 지혜문서를 썼을 뿐만 아니라 많은 저술을 남기기도 하였다. 또 7년간의 대역사 끝에 성전을 건축하였으며, 13년에 걸쳐 자신의 궁을 짓기도 했다(왕상 7:1-12). 그러나 통치 후기에 재력과 국력 그리고 인력을 낭비했을 뿐만 아니라, 다처주의로 인한(왕상 11:3) 신앙의 타락 등으로 이스라엘 사이의 분열을 일으켰다. 여로보암의 난이 그 대표적인 예이다(왕상 11:26-39). 솔로몬은 통치 40년 만에 세상을 떴다.

누구도 자신의 인생을 솔로몬의 말년처럼 끝내기를 원치는 않을 것이다. 『남자의 일곱 시기들』(*The Seven Seasons of Man's Life*)이라는 책의 저자인 패트릭 멀리(Patrick M. Morley)는 세상에서 가장 부자이면서 가장 영향력이 있었던 사람들의 운명에 관한 매력적인 이야기를 우리에게 전한다.

1923년 시카고의 엣지워터비치호텔(Edgewater Beach Hotel)에서 중요한 회의가 열렸다. 세계에서 가장 영향력 있는 8명의 금융업자들이 그 자리에 참석했다.

- 최대 규모의 자영 철강 회사 사장
- 최대 규모의 가스 회사 사장
- 당대 최고의 밀 투자가
- 뉴욕 주식 거래소 사장
- 대통령 고문단의 한 멤버
- 월가 최고의 주식 매도인

- 세계 최대의 전매 회사의 사장
- 국제 결제 은행의 사장

이들은 돈 버는 비법을 터득해서 성공의 최상층에 도달해 있었다. 그러나 호텔을 떠나고 25년이 지났을 때 다음과 같은 일들이 일어났다.

- 최대 규모의 자영 철강 회사 사장이었던 찰스 슈왑(Charles Schwab)은 죽기 전 5년간 채무상태에서 살다가 파산한 채 사망했다.
- 최대 규모의 가스 회사 사장이었던 하워드 홉슨(Howard Hopson)은 정신 이상자가 되었다.
- 당대 최고의 밀 투자가였던 아더 코튼(Arthur Cotton)은 파산자가 되어 외국에서 죽었다.
- 뉴욕 주식 거래소 사장이었던 리처드 위트니(Richard Whitney)는 싱싱 교도소(Sing Sing Penitentiary)에 수감되었다.
- 대통령 고문단의 한 멤버는 감옥에서 사면되어, 집에서 죽을 수 있었다.
- 월가 최고의 주식 매도인이었던 제시 리버모어(Jesse Livermore)는 살해당했다.
- 세계 최대의 전매 회사의 사장이었던 이바 크루거(Ivar Krueger)는 살해당했다.
- 국제 결제 은행의 사장이었던 레온 프레이저(Leon Fraser)는 살해당했다.[8]

이쯤 되면, 일터는 돈터(Mad-place)이자, 죽음의 터(Killing-place)가 된다. 지구상의 모든 일터의 현장에서 그 타락한 결과로 인해 발생하는 비극의 실상은 이미 그 최악의 상태에 도달해 참담할 정도이다. 존재하는 모든 종류의 부패와 궤계들과 죄악들, 그리고 이와 직-간접적으로 관련된 죽음(타살과 자살)들 등, 일터는 이미 생을 위해 생을 버리도록 조작된 파괴불능의 시스템이 되어 버리고 말았다는 불안감을 떨칠 수가 없다. 이런 현상과 관련하여 미국 켄자스 시티(Kansas City)의 예언 사역단체인 국제 기도의 집(IHOP)의 마이크 비클(Mike Bickle) 목사와 일터를 영적으로 하나님 나라의 경제 원리로 회복시키는 운동에 헌신하는 대표적인 일터사역 기관인 요셉 컴퍼니(Joseph Ccmpany)의 설립자인 로버트 프레이저(Robert Fraser)는 자신의 책 『마켓플레이스 크리스천』(*Marketplace Christianity*)에서 하나님의 뜻에 어긋나는 일에 종사할 경우의 결과를 다음과 같이 제시한다.

① 약속의 땅에 도달하기보다, 수고와 땀으로 점철된 노예의 삶을 살게 된다.
② 하나님이 전하신 삶의 목적에서 벗어나는 삶을 살게 된다.
③ 삶의 목적에 근거한 복종의 열매 대신 죽음의 열매를 맺게 된다.
④ 하나님이 원치 않으시는 일에 종사하는 탓에 진정한 보상을 얻지 못한다.[9]

근자에 하나님의 뜻에 어긋나는 일터에서 종사하면서 돈과 부에만 집착한 일터는 결국 죽고 죽이는 '죽음의 터'요, '자멸의 터'임을 가장 잘 드러낸 사건들이 있다. 미국 원자본주의(row capitalism) 시장의 비극, 태국에서 시작되었던 1997년 재정 위기와 미국의 2008년 재정적 쓰나미 혹은 서브프라임 사태로 시작되었던 붕괴 등이 그것이다. 이는 규제되지 못하고 엉성하게 처리한 은행 업무와 저당과 사바사바 관행,[10] 보다 엉성한 정부의 부실한 감시 그리고 억제하지 못한 인간의 탐욕 등이 어우러져 발생한 사건이다. 또한 2008년의 위기는 엔론(Kenneth Lay and Jeffrey Skilling), 타이코(Dennis Kozloski), 월드-컴(Bernard Ebbers), 아더 앤더슨 LLP(85,000개의 일자리를 잃음), 그리고 버나드 매도프(500억불 폰지 'Ponzi' 음모, 이는 역사적으로 가장 큰 비즈니스 사기일 것이다)와 같은 기업들이 10년간 관행적으로 해 오던 분식회계 때문이었다. 그런데 여기서 심각한 문제는 이 기업들이 미국 자본주의의 우상적인 상징이었다는 것이다. 또 전후 독일에서 발생한 최대의 분식회계 사태인 지멘스(Siemens) 뇌물 사건과 부패혐의는 소중한 일터를 '죽음의 터'로 황폐화시킨 비극적인 사건이었다.

이러한 비극들은 일터의 영적 원칙을 상실한 이 세상 어느 곳에서 언제 또 발생할지 누구도 예측할 수 없는 상황이다. 일터의 현장에서 이미 원칙처럼 시스템화되어 작동되는 비영적 기준들에 의해, 일터는 황폐화되고 있다. 이런 비극적인 상황에서, 하버드대학의 로라 내시 박사는 노동 현장에서 발견되는 비윤리적 행위(잘못된 원칙)를 대표하는 30가지 목록을 제시한다.[11] 영적 목적을 상실한 일터에서 자연스럽게 이루어지는 이러한 관행들은 굳이 신앙적 잣대를 대지 않더라도 윤리적 차원에서 금해야 할 내용들이다.

- 탐욕
- 보고와 지휘 과정에서 감추기, 사실과 다르게 말하기
- 재화나 서비스에 대한 소송에서 거짓말하기
- 협상 조건을 위반하거나 속이기
- 일을 성취하기 위해 상대방이 거짓말을 하게 만드는 방침 세우기
- 회사의 위험을 무릅쓰면서 자신의 판단을 과신하는 일
- 때가 좋지 않으면 회사에 충성하지 않는 일

- 낮은 질
- 일할 때 혹은 광고의 고정관념을 통해 사람을 무시함
- 아무리 비윤리적이고 불공평해도 무조건 권위에 복종함
- 회사에 대한 의무에 앞서 자기 이익을 챙김(이익의 갈등)
- 편파성
- 가격 담합
- 일을 성취하기 위해 무고하거나 힘없는 사람을 희생시키는 일
- 언어, 선택, 개인 관계의 자유 등 기본 권리를 억압하는 일
- 비윤리적인 일이 일어날 때 침묵함
- 가족이나 개인의 필요를 무시함
- 안전 문제가 의심되는 상품을 생산하기로 결정함
- 환경이나 피고용자 혹은 회사의 재산을 가져와서는 돌려주지 않음
- 원하는 지원을 얻기 위해서 어떤 계획의 이점을 의도적으로 과장함
- 편견, 성차별, 인종 차별 등을 해소하지 않음
- 업무상의 서열과 일을 서로 대립시키는 행위
- 승진을 위해 다른 사람을 짓밟는 행위
- 자기 잘못을 얼버무리는 수완가를 승진시킴
- 회사 내 다른 부서들과 협조하지 않음—적대감
- 사업을 위해 피고용자들에게 할 말을 허 주지 않는 거짓을 행하는 것
- 비록 선의일지라도 의심스러운 파트너와 동업함
- 의도적이든 아니든 위험한 일은 맡지 않는 것
- 돈과 시간을 낭비하는 회사의 특권을 남용하거나 방관하는 행위
- 합법적인 수단을 통해 공적인 정치 행위를 훼손시키는 일

그러므로 일터의 그리스도인들은, 일은 하나님의 부르심이기 때문에

자신의 일에 대해 자랑스러운 소명의식을 가져야 한다. 일은 우리의 증거이기에 성경에서는 "무슨 일을 하든지 마음을 다하여 주께 하듯 하고 사람에게 하듯 하지 말라"(골 3:23)고 말하고 있다. 그리스도인들은 "일은 섬김의 한 방법이며 (자신의 집이 아닌) 하나님의 집을 보화로 채우기 위한 것[12]"임을 인정해야 하며, 사단의 진이 되어 버린 '일터'를 회복시키기 위해 파송받은 사역자라는 사실을 늘 명심해야 한다. 일터는 하나님, 이웃, 피조물을 섬김으로 샬롬을 이루는 사역의 장이며, 일터의 그리스도인은 일터를 주님께 봉헌하는 일에 전적으로 헌신해야 한다.

3. 일터의 목적

돈이 참된 부인가? 무엇이 참된 번영(prosperity)인가? 부유했지만 결국은 비극적인 죽음을 맞이했던 8인의 실패를 이 세상 누구도 되풀이하기를 원하지 않는다. 일터가 '돈터'가 되어서는 안 된다.

우리에게 돈을 공급하시는 하나님의 목적을 알고 돈을 사용해야 하듯이, 우리에게 일터를 허락하신 하나님의 목적을 이해한 다음 일터사역을 시작해야 한다. 그렇다면 일터를 향하신 하나님의 목적은 무엇인가?

1) 일터를 통해 '하나님을 영화롭게 해야 한다.'

일터의 현장에서 그리스도인들은 하나님의 말씀보다는 IMF, 여행자, 외국투자자들 등 다른 영향력 있는 이들의 말에 더 일방적으로 집중하는 경향이 짙다. 중요한 것은 하나님의 말씀이지, 사람들의 말이 아니다. 하나님의 말씀에 대한 순종은 하나님을 영화롭게 하는 첫걸음이다. 일터가 하나님의 말씀인 성경의 원칙으로 운영된다면 하나님을 영화롭게 하는 것이다. "그런즉 너희가 먹든지 마시든지 무엇을 하든지 다 하나님의 영광을 위하여 하라"(고전 10:31). 우리의 일터가 '하나님을 영화롭게 하는 터'가 되기 위해 일터는 하나님의 영향력(God's impact)에 사로잡혀 있어야만 한다. 하나님의 영향력은 하나님께 순종하는 이들에 의해 전염된다.

2) 일터를 통해 '하나님께 순종해야 한다.'

이집트의 바로 왕 다음 서열에 오른 요셉과, 이집트의 왕관을 포기한 모세 중 누가 더 믿음이 신실했다고 생각하는가? 이집트의 왕관 그 자체가 본질적으로 나쁜 건 아니다. 왕관을 벗겨 된 사람도, 왕관을 쓰게 된 사람도 각각의 삶에 있어 하나님의 목적을 이루는 것이다. 당신은 요셉인가, 아니면 모세인가? 하나님의 뜻이라면 왕관을 기쁘게 쓸 수도 있고, 또 더 기쁘게 왕관을 벗을 수도 있어야 한다.

그러나 우리의 일터는 왕관을 써야만 성공으로 여겨지는 사회이다. 그래서 왕관을 맹신하는 문화가 팽배해 있다. 이럴 때 일수록 그리스도인들은 우리가 하늘에 속한 자이지, 이 땅에 속한 자가 아님을 다시금 자각하고, 우리를 일터로 파견하신 하나님의 큰 뜻에 순종하는 것이 중요하다. 예수님이 이 땅에 오신 목적은 하나님의 뜻을 이루기 위해서였다. "내가 하늘에서 내려온 것은 내 뜻을 행하려 함이 아니요 나를 보내신 이의 뜻을 행하려 함이니라 나를 보내신 이의 뜻은 내게 주신 자 중에 내가 하나도 잃어버리지 아니하고 마지막 날에 다시 살리는 이것이니라 내 아버지의 뜻은 아들을 보고 믿는 자마다 영생을 얻는 이것이니 마지막 날에 내가 이를 다시 살리리라 하시니라"(요 6:38-40). 하나님께서 우리에게 주신 일터는 우리의 뜻을 이루는 곳이 아니라, 하나님의 뜻을 이루기 위한 터전이어야 한다. 일터에서 자신들의 뜻을 이루려 했던 우리 조상들의 말로는 노아의 홍수 사건(창 6-7장)과 바벨탑 사건(창 11장) 등과 같은 살아 있는 이야기로 우리에게 너무도 생생하게 증거되고 있다.

하나님의 말씀에 순종하여 120년간 방주를 만든 노아의 일터는 '순종의 터'였다. '순종의 터'는 사람들의 비웃음과 조롱을 받는 터이지만 순종하는 자의 '불굴의 의지와 인내의 터'이고, 결국은 '하나님의 뜻이 이루어지는 터'이다. 노아는 이런 식으로 "하나님과 동행하였다"(창 6:9).

3) 일터를 통해 '하나님과 이웃을 사랑해야 한다.'

하나님 목적의 중심에는 '관계'가 있다. "예수께서 이르시되 네 마음을 다하고 목숨을 다하고 뜻을 다하여 주 너의 하나님을 사랑하라 하셨으니 이것이 크고 첫째 되는 계명이요 둘째도 그와 같으니 네 이웃을 네 자신 같이 사랑하라 하셨으니"(마 22:37-39). 우리는 사랑이라는 관계를 형성하기 위하여 지음받았기 때문에, 하나님과 우리의 관계와 이웃과 우리의 관계를 강화시키는 일에 전적으로 헌신해야 한다. 그 어떠한 명분과 이유로도 이 소중한 관계들이 파괴되어서는 안 된다. 모든 관계는 하나님의 원칙에 의해 지배되어야 한다. 그러나 우리는 늘 서로를 지배하고, 통제하고자 하는 열망에 사로잡혀 있는데, 이는 죄이다. 하나님이 아닌 우리 마음대로 하는 모든 행위는 죄이다. "우리는 다 양 같아서 그릇 행하여 각기 제 길로 갔거늘 여호와께서는 우리 모두의 죄악을 그에게 담당시키셨도다"(사 53:6).

돈을 벌기 위해서라면 가족과 타인들과의 관계를 망설임 없이 이용하는 세상에서, 그리스도인들은 이웃들 특히 우리가 사랑하는 사람들과 소원해지는 위험에 처한다. 그러나 그리스도인들은 일터에서 돈 문제 때

문에 증인의 삶을 살지 못하는 일은 없어야 한다. 갚을 기약이 모호한 외
상, 사기, 빚 등등…. 이웃과의 관계를 유지하기 위해서는 재정적 불편을
감당하는 기쁨을 누릴 줄 알아야 한다. 그런 일터가 되어야 한다.

　　일터를 통해 부자가 되기 위해, 또는 나의 능력을 증명하기 위해, 또
내가 평상시 외치던 주장이 정당했음을 증명하기 위해, 소중한 관계를
파괴한다면, 이는 하나님의 뜻과는 전혀 관계가 없는 것이다. 오히려 영
적 관계를 형성하고, 이 관계들을 발전시키기 위해, 우리에게 일터가 주
어진 것이다. 이를 위해 우리는 일터에서 부자가 되기를 포기할 수 있
어야 하고, 예수님처럼 무시당하고, 배척당하고, 이용당할 수 있어야 하
며, 또 나의 주장이 묵살당하고, 거절당하는 데에 익숙해져야 한다. 일
터의 그리스도인들은 위와 같은 '준비되고 훈련된 일터의 영성으로' 무장
되어 있어야 한다.

4) 일터가 '하나님이 주시는 번영(prosperity)의 터'가 되게 해야 한다.

　　하나님의 명령은 등대이며, 이 명령을 순종하면 성공과 번영을 누리
게 된다. "내 아들아 나의 법을 잊어버리지 말고 네 마음으로 나의 명령
을 지키라 그리하면 그것이 네가 장수하여 많은 해를 누리게 하며 평강
을 더하게 하리라"(잠 3:1-2). 잠언의 저자들은 일터를 성공과 번영으로 이
끌 수 있는 세 가지 원칙을 제시한다.

　　(1) 지혜의 원칙

　　"지혜를 얻은 자와 명철을 얻은 자는 복이 있나니 이는 지혜를 얻는 것
　　이 은을 얻는 것보다 낫고 그 이익이 정금보다 나음이니라 지혜는 진주

보다 귀하니 네가 사모하는 모든 것으로도 이에 비교할 수 없도다 그의 오른손에는 장수가 있고 그의 왼손에는 부귀가 있나니"(잠 3:13-16).

누군가 당신에게 100억과 지혜 중 하나를 준다고 한다면, 무엇을 선택할 것인가? 대다수는 돈을 선택할 것이다. 그러나 지혜 없는 자에게 돈은 무가치하다. 돈 버는 일만 추구한다든가, 유산을 상속받았다든가, 또는 복권에 당첨되었다던 사람들 중 빈털터리가 된 사람들이 얼마나 많은지 우리는 잘 알고 있다. 솔로몬은 말한다. "지혜를 얻는 자는 자기 영혼을 사랑하고 명철을 지키는 자는 복을 얻느니라"(잠 19:8).

하나님의 지혜 없는 부는 불행이듯 하나님의 지혜가 없는 일터는 근심의 터이다. 이를 아는 것이 지혜이다. 하나님이 주시는 지혜로 일을 하지 않으면, 일터를 잃게 된다. 자기의 경험과 지식과 꾀는 일터를 부하게 하기는커녕 일터를 잘못된 방법으로 관리하는 것이다. "여호와께서 주시는 복은 사람을 부하게 하고 근심을 겸하여 주지 아니하시느니라"(잠 10:22). 부자가 되는 것만이 목적인 사람들은 우리가 섬겨야 할 업주나 고객에 대해 신실하지 못하다. 직원을 도둑으로 의심하기도 하고, 감시하며 뒷조사를 하기도 한다. 이런 지혜 없는 일터는 '근심의 터'이다.

(2) 성실의 원칙

부정직하고 탐욕스럽게 얻은 부는 오래 가지 못한다. 우리가 부를 즐거워하려면 근면해야 하고, 청지기 문화를 배워야 한다. 부정직한 길을 선택한 사람보다 신실한 사람이 결국에는 더 부유해질 것이다. "망령되이 얻은 재물은 줄어가고 손으로 모은 것은 늘어가느니라"(잠 13:11). 성실은 우리의 일터를 '번영의 터'가 되게 한다.

(3) 후하게 줌의 원칙

성숙한 사회는 나눔과 기부가 생활화된 사회이다. 그리스도인의 일터
는 하나님을 섬기고 이웃을 섬기기 위한 하나님의 '터'이다. 일터는 돈을
벌어 모으는 터이지만, 관대하게 나누어 주는 터이기도 해야 한다. 물질
을 얻는 성경적 방법은 역설적이게도 쥐는 것이나 가지는 것이 아니라 주
고 나누는 것이다. 성숙한 믿음의 길을 가는 이들의 공통적인 고백은 "
주고, 나누어 주는 삶을 살아왔지만, 자신들에게는 결코 부족함이 없었
다."라는 것이다. "흩어 구제하여도 더욱 부하게 되는 일이 있나니 과도
히 아껴도 가난하게 될 뿐이니라 구제를 좋아하는 자는 풍족하여질 것
이요 남을 윤택하게 하는 자는 자기도 윤택하여지리라 곡식을 내놓지 아
니하는 자는 백성에게 저주를 받을 것이나 파는 자는 그의 머리에 복이
임하리라"(잠 11:24-26).

5) 우리는 일터를 통해 '이웃을 축복해야 한다.'

우리의 이웃은 우리가 전하는 복음보다는 우리를 통해 그들에게 흘러
갈 축복에 절대적인 관심을 두고 있다. 그리스도인들은 이 점을 잘 선용
해야 한다. 최근에 출간된 책에 따르면, 그리스도인들이 전도에 우선순
위를 두고 이웃에게 접근할 때보다는, 그들을 축복하는 것에 우선순위
를 두고 접근할 때가 더 많은 생명(48명 대 1명)을 구원했다고 한다.[13] 즉,
우리가 전도자이기보다는 먼저 축복자로 이웃에게 다가갈 때, 또 우리의
일터가 전도의 터보다는 먼저 이웃을 축복하는 터일 때, 더 많은 생명을
구원할 수 있다는 것이다. 물론 우리의 영원한 사명은 전도와 선교이다.
그러나 그리스도인들은 일상 중에 네 이웃을 네 몸처럼 사랑하라는 대
계명(마 22:37-40)에 충실하면서(사랑으로 축복하는 자로 충실하면서), 전도자의

사명을 감당하는 것이 실천적인 지혜이다.

하나님은 우리를 너무 사랑하시기 때문에 돈과 부를 주셨다. 이것이 창세 이래 그분의 성품이시다. 하나님은 아브라함에게 약속하셨다. "내가 너로 큰 민족을 이루고 네게 복을 주어 네 이름을 창대하게 하리니"(창 12:2a). 그 다음 하나님께서는 아브라함을 축복하기 위한 하나님의 궁극적인 목적을 설명하셨다. "너는 복이 될지라"(창 12:2b).

하나님의 자녀의 궁극적인 기쁨은 받기보다는 주기를 좋아하시는 하나님과 같이 되는 것이다. "주는 것이 받는 것보다 복이 있다"(행 20:35b). 우리는 축복의 통로이어야지 축복을 챙기기만 하는 축복의 스폰지가 되어서는 안 된다. 성경은 '하나님께 드리면, 하나님으로부터 받을 수 있다'가 아니라 '우리가 하나님께로부터 받았기 때문에 하나님께 드려야 한다'고 가르친다. 성경적 청지기직은 우리가 하나님께 드릴 수 있고, 또 우리가 이웃에게 축복이 될 수 있기 위하여 하나님의 자원들을 하나님의 지혜와 명철로 관리하는 것이다.

6) 일터는 주인이신 '하나님의 즐거움에 참여하기 위한 터'가 되어야 한다.

"또 어떤 사람이 타국에 갈 때 그 종들을 불러 자기 소유를 맡김과 같으니 각각 그 재능대로 한 사람에게는 금 다섯 달란트를, 한 사람에게는 두 달란트를, 한 사람에게는 한 달란트를 주고 떠났더니 다섯 달란트 받은 자는 바로 가서 그것으로 장사하여 또 다섯 달란트를 남기고 두 달란트 받은 자도 그같이 하여 또 두 달란트를 남겼으되 한 달란트 받은 자는 가서 땅을 파고 그 주인의 돈을 감추어 두었더니 오랜 후에 그 종들의 주인이 돌아와 그들과 결산할 새 다섯 달란트 받았던 자는 다섯 달란트를 더 가지고 와서 이르되 주인이여 내게 다섯 달란트를 주셨는데 보소서 내가 또 다섯 달란트를 남겼나이다 그 주인이 이르되 잘하였도다 착하고 충성된 종아 네가 적은 일에 충성하였으매 내가 많은 것을 네게 맡기리니 네 주인의 즐거움에 참여할지어다 하고 두 달란트 받았던 자도 와서 이르되 주인이여 내게 두 달란트를 주셨는데 보소서 내가 또 두 달란트를 남겼나이다 그 주인이 이르되 잘하였도다 착하고 충성된 종아 네가 적은 일에 충성하였으매 내가 많은 것을 네게 맡기리니 네 주인의 즐거움에 참여할지어다 하고 한 달란트 받았던 자는 와서 이르되 주인이여 당신은 굳은 사람이라 심지 않은 데서 거두고 헤치지 않은 데서 모으는 줄을 내가 알았으므로 두려워하여 나가서 당신의 달란트를 땅에 감추어 두었었나이다 보소서 당신의 것을 가지셨나이다 그 주인이 대답하여 이르되 악하고 게으른 종아 나는 심지 않은 데서 거두고 헤치지 않은 데서 모으는 줄로 네가 알았느냐 그러면 네가 마땅히 내 돈을 취리하는 자들에게나 맡겼다가 내가 돌아와서 내 원금과 이자를 받게 하였을 것이니라 하고 그에게서 그 한 달란트를 빼앗아 열 달란트 가진 자에게 주라 무릇 있는 자는 받아 풍족하게 되고 없는 자는 그 있는 것까지 빼앗기리라 이 무익한 종을 바깥 어두운 데로 내쫓으라 거기서 슬피 울며 이를 갈리라 하니라”(마 25:14-30).

본문은 다섯 단계로 진행되는 비유이다. 첫째는 하나님께서 자신의 종들을 부르시고(14절), 둘째, 각각 저능대로 일과 일터와 자본을 맡기시고(15절), 셋째, 맡기신 일을 자율적으로 행할 수 있는 권한을 위임하시고, 넷째, 그 결과를 평가하시고(19절), 마지막으로 보상을 하신다(21,23,30절). 결론적으로, 우리의 일은 분명히 주님에 의해 평가를 받게 된다는 사실이다. 이 평가에 따라 우리의 운명은 “주인의 즐거움에 참여하는 것”과 “바깥 어두운 데로 내쫓으라 거기서 슬피 울며 이를 갈게 되는" 것 중 하나가 된다. 이런 점에서 볼 때 그리스도인들을 아래의 몇 가지에 매우 집중해야만 한다.

① 우리는 어떠한 경우라도 하나님의 종이다.
② 우리 자신과 우리의 소유 모든 것의 주인은 하나님이시며, 우리는 그분의 청지기이다.
③ 하나님께서 우리에게 맡기신 일에 전적으로 헌신해야 한다.
④ 우리는 헌신의 결과에 따라 하나님께 평가를 받는다.
⑤ 이 모든 것들의 보상으로 '주인의 즐거움에 참여하는 보상'이 주어질 것을 믿어야 한다.
⑥ 그러므로 현재의 우리의 일터는 주인이신 '하나님의 즐거움에 참여하기 위한 터'인 것이다.

4. 거룩한 일터를, 소명을 이루는 일터로

"예수님의 사역도 사람들이 대부분의 시간을 보내는 일터에 집중되었다. 신약성경을 보면, 예수님이 대중 앞에 모습을 드러내신 횟수가 132회에 달하는 것으로 나타난다. 그 가운데 10번을 제외한 나머지가 모두 일상의 일터에서 이루어졌고, 예수님이 가르치신 비유 52개 가운데 45개가 일과 관련된 내용을 소재로 삼고 있다. 사도행전도 예외가 아니다. 모두 40회에 달하는 하나님의 현현과 기적 가운데 39회가 평범한 일터에서 이루어졌다."[14]

하나님의 뜻을 이루기 위해서 오신 예수님에게 일터는 자신의 사명

(요 6:38-40)을 이루는 사역의 '터'였다. 그리스도를 따르는 그리스도인들에게 일은 곧 소명이며, 일터는 소명을 이루는 사역의 장이다. 또한 일터는 그리스도인들에게 '거룩한' 경배의 '터', 예배의 '터'이어야만 한다. 또 그리스도인들에게 일터는 "하나님께서 사람들의 지도력을 배양하는 현장이며, 자원의 보고이다."[15] 일터는 하나님의 교회의 영역이며, 하나님의 사역이 진행되는 곳이다. 그래서 일터를 보다 광범위한 개념으로 이해하는 것이 중요하다.

1) 일터를 '예배 처소'로

> "사무실은 예배 처소다."[16]_에드워드 수(Edward Su)

일터는 '예배의 행위인 일'[17]이 이루어지는 터이다. 터(place)는 장소, 곳, 처소라는 물리적인 의미와 '활동의 토대나 일이 이루어지는 밑바탕'이라는 기능적 의미가 있다. 텅 빈 공간(space)을 창조적으로 꾸민 곳, 또는 하나님의 사랑과 성경의 원칙이 적용되는 곳을 말한다.[18] 예를 들어 장사를 하기 위해 건물을 빌리게 되면 건물주는 우리에게 공간만을 제공해 줄 뿐이다. 그런데 우리가 이 공간을 비즈니스의 격과 목적에 알맞게 인테리어를 하면, 공간은 처소(place)가 되고 '일'이 이루어지는 시스템인 'marketplace', 즉 일터가 된다. 폴 스티븐스(Paul Stevens)는 이에 대해 우리에게 매우 소중한 정보를 제공해 준다.

> "예수님은 호텔방이나 야영장 터를 예비하러 가신 것이 아니다. 예수님의 사역은 처소를 만드는 것이다…우리는 처소를 만드시는 예수님의 제사장 직분에 동참하는 것이다…이와 마찬가지로 일터의 근로자

이자 제사장, 가정의 부모, 교회의 지도자 역시 공간을 처소로 만드는
사람이다".[19]

일터의 그리스도인들은 일터를 예배 처소로 만드는 사역자다. 그리스
도인에게 일은 곧 '예배'이며, 그리스도인이 일하는 일터는 주님을 경배
하는 '예배터'가 된다.

2) 일터를 '사역의 처소'로

"장터(일터)는 신자 개개인이 적절한 방법으로 자기의 신앙을 증거할 수
있는 선교지라는 점이다. 이것은 케리그마(복음 선포)의 차원이다. 우리
는 다른 곳에서와 마찬가지로 장터에서도 하나님의 말씀과 그 나라의
복음을 증언하도록 부름받았다. 그리스도인은 예외 없이 하나님의 놀
라운 업적을 선포하도록 부름받은 자들이다(벧전 2:9-10). 이런 점에서
장터(일터)도 선교지에 해당한다."[20]

폴 스티븐스는 일터가 선교(사역)지에 해당하는 이유로 접근 가능성,
관계적 측면, 시간상의 이점, 자체의 이슈와 가치, 현장성, 곤궁과 위기
에 처한 자에 대한 근접성 등을 제시한다.[21]

자신의 일터(비즈니스, 예술계, 스포츠계, 교육계, 정치계, 공무원 영역 등을 다
포함한)를 사역의 처소로 만드는 것은 모든 그리스도인의 최우선적 사명
이다. 따라서 사역의 처소가 되기 위하여 일하는 사람의 전문성과 리더
십과 영성은 매우 중요한 요소이다. 사역의 처소가 된다는 말은 이러한
요소를 잘 단련-통합하여 공간(광야)을 창의적이며, 전략적인 일터(젖과
꿀이 흐르는 가나안)로 승화시켜야 함을 의미한다. 더 나아가 일터를 하나님

의 처소이자, 하나님이 그 처소를 통하여 이루고자 하시는 사역(Mission through market)의 야전사령부로 만들어야 함을 의미한다. 이를 위해 하나님의 창의력, 지혜와 전략을 구하는 것은 마땅한 일이다.

일터 그리스도인들은 비즈니스뿐만 아니라 하나님의 사역에 전적으로 헌신해야 한다. 하나의 공간에 불과한 곳을 하나님의 '활동의 토대나 일이 이루어지는 밑바탕', 즉 영적 처소로 내어드릴 줄 아는 일터 그리스도인을 향한 하나님의 축복은 가히 상상할 수 없을 정도일 것이다. 형통과 축복이 차고 넘치는 창조적이며 영적인 '터'가 바로 '하나님의 나라'가 임재하는 곳이다. 댈러스 윌러드는 다음과 같이 강조한다.

"거룩한 하나님의 백성은 '교회 사역'에만 관심을 쏟는 일을 중단하고, 복음 전도와 목회 사역, 또는 선교사역에 쏟아 부었던 것과 똑같은 열정으로 농업, 법률, 금융, 언론, 출판 등과 같은 분야에서 하나님의 거룩한 명령을 받들어야 한다."[22]

3) 일터를 영적 거점으로

"어느 집에 들어가든지 먼저 말하되 이 집이 평안할지어다 하라 만일 평안을 받을 사람이 거기 있으면 너희의 평안이 그에게 머물 것이요 그렇지 않으면 너희에게로 돌아오리라 그 집에 유하며 주는 것을 먹고 마시라 일꾼이 그 삯을 받는 것이 마땅하니라 이 집에서 저 집으로 옮기지 말라 어느 동네에 들어가든지 너희를 영접하거든 너희 앞에 차려놓는 것을 먹고 거기 있는 병자들을 고치고 또 말하기를 하나님의 나라가 너희에게 가까이 왔다 하라"(눅 10:5-9).

영적 거점은 하나님의 사역이 이루어지는 토대를 제공하는 처소이다. 예수께서 영적 거점을 활용하셔서 치유와 선포를 통하여 하나님의 나라를 전하신 것은 신약 성경의 도처에서 확인할 수 있다(마 4:12-13; 막 1:29-31, 8:11-9:50; 요 11:1-57, 13:1-38). 이 본문들은 예수께서 파송되는 제자들에게 이 영적 거점 활용법을 전해 주고 계심을 나타내고 있다. 이 영적 거점 활용법은 사도 바울을 비롯하여(행 13:1-3, 15:35, 16:12-14, 18:1-4, 11, 19:1-9), 2000년이 지난 지금까지 선교와 사역의 현장에서 주의 제자들에 의해 가장 많이 사용되고 있는 가장 효과적인 사역 방법이다.

일터를 영적 거점으로 만드는 일은 하나님의 선교의 차원에서 무엇보다도 우선되어야 할 전략이다. 저자의 경험을 비추어 볼 때, 특히 선교지에서의 영적 거점은 네 가지 기능을 한다.

⑴ **사역을 목적으로 이동하는 사역자들에게 매우 우수한 쉼을 제공하는 기능을 한다.** 적절한 환경의 쉼터는 그 어느 곳보다 사역자들에게 다차원적 도움을 제공한다. 영적 거점의 역할을 하고 있는 그리스도인의 일터에는 이동하는 사역자들이 모여든다. 이 영적 거점을 중심으로 이동 중인 사역자들을 위한 게스트 하우스라든가 일반 숙소가 있다. 이런 이유로 영적 거점이 제공하는 게스트 하우스 혹은 게스트 하우스가 없거나, 사용할 수 없는 경우에는 이동 중인 사역자들이 주로 모이는 숙소만을 임시 거처로 삼는 사역자들도 적지 않다.

우수한 쉼과 환대가 제공되는 곳은 치유가 확산되는 처소이다. 이곳에서의 쉼을 통하여 영적 치유와 사역적 재무장을 경험하게 된다. 또한 영적 거점을 먼저 확보한 사역자에게 주어지는 '평안'이 얼마나 소중한지는 이를 경험해 본 사람만이 누릴 수 있는 하나님의 축복이다. 자신의 일터를 영적 거점으로 활용하면서 이를 기반으로 하나님의 아가페 사랑인 섬김, 나눔, 그리고 환대를 실천할 수 있는 기회를 가질 수 있다는 것은 최대의 행운이다. 주의 사역자들에게 영적 거점을 제공하는 것은 그리스도께 거점을 내드리는 것이다. 일터의 그리스도인들은 이처럼 소중한 사역에 헌신하는 데 적극적이어야 한다. 이를 아는 것이 지혜이다.

(2) **하나님이 보내는 사역자들의 사역 '플래트홈 기능'을 한다.** 선교지에 가면 선교지에서 먼저 거점을 확보하신 사역자들의 집과 일터는 각지에서 몰려드는 수많은 사역자들의 플래트홈이자 노마드(nomad) 사역자의 임시 거처인 경우가 많다. 즉, 사역지를 향해 떠나는, 또는 일시적, 장기적 귀국을 위해 사역지를 떠나는 행로의 사역자들의 일시적인 영적 거처가 된다. 이 사역 역시 참으로 소중한 사역이므로, 대부분의 영적 거점 제공 사역자들은 오가는 사역자들을 위해 게스트 하우스를 준비하게 된다. 영적 거점을 제공하는 사역과 영적 거점지에서 환대를 받아 본 경험은 나로 하여금 '게스트 하우스'란 단어만 생각해도 전신에 몰려오는 감동과 전율을 감당치 못하게 한다. 전 세계 사역지의 구석구석에 있는 모든 영적 거점들과 게스트 하우스와 이에 직–간접적으로 헌신하는 모든 사역자들에게 하나님의 축복이 풍성하기를….

(3) **매우 실용적이며 우수한 네트워크가 구축된다.** 저자가 섬기는 TW에서는 외국인이 현지인에게 복음을 증거하는 것이 불가능한 선교지에 그 나라 언어로 제작된 기독교 서적을 판매하는 서점을 운영하고 있다. 그때 우리 팀은 이 사역에 대한 두 개의 확고한 목적이 있었다. 첫째는 광활한 그 나라 전체에 영적 정보를 전하는 일이었고, 둘째는 이 사역을 통해 수많은 사역자의 네트워크를 형성하는 것이었다. 결과적으로 하나님께서 축복해 주셔서 서점 사역이 놀라운 기적을 이루게 되었고, 더욱 감동적인 것은 이 서점이 거점이 되어 가공할 만한 사역적 네트워크가 구축되었다는 것이다. 특히 비즈니스 사역자들과 현지인 사역자들, 또는

하나님의 원대한 사역에 헌신하고자 하는 현지 엘리트들, 또 영향력 있는 현지 기업인들과의 커넥션은 하나님 외에는 그 누구도 상상할 수 없는 큰 축복이었다.

(4) **이분들이 가져오시는 사역적 정보와 경험 그리고 현지의 사역자들의 정보와 경험이 시너지를 만들어 새로운 사역과 전략을 만들어 내며, 새로운 사업과 사역을 시작하게 하는 기능을 한다.** 하나님께서는 당신의 종들과 만나게 함으로써 서로가 만나기 전에는 전혀 기대하지 못했던 놀라운 전략과 프로젝트를 이루어 내게 하신다. 그래서 노마드 사역자들이 잠깐 동안의 쉼을 마치고 떠날 때는 '놀라운 전략과 프로젝트'를 이루고자 하는 비전을 가지고 벅찬 가슴으로 사역지로 찾아 간다. 이 자체가 또한 얼마나 놀라운 하나님의 전략인가?

또한 하나의 영적 거점은 영적인 생산 및 재생산을 한다. 저자의 경험을 들자면, 서점 사역을 시작하고 한동안 심각한 자금난에 시달릴 때, 현지에서 사업하시는 비즈니스 사역자인 하 회장의 지원과 자문으로 서점 사역이 매우 효과적으로 진행된 것은 물론, 우리 팀과 하 회장님과 또 이분의 커넥션(connection)과 한 팀을 이루어 참으로 가치 있는 비즈니스 선교 사역을 론칭하게 되었다. 하나님의 선교를 위해 모든 위험과 손해를 기쁘게 감당하면서 하나를 이루었을 때 창출되는 영적 시너지를 통해 우리가 감당할 수 있으리라고 상상하지 못했던 사역과 사업을 시작하여 하나님의 백성들을 섬겼다.

이렇듯 일터를 영적 거점으로 만들 때 위와 같은 놀라운 일이 발생하는 것은 거의 공식화된 하나님의 방법이며, 이 일에 헌신하고 있는 모든 이들이 날마다 경험하는 것이며, 이 영역의 사역자들에게는 경험론적 확신이다. 따라서 자신의 일터를 '사역의 터', '예배의 터'로 하나님께 드리는 데 주저하지 않기를 바란다.

"초기 기독교인들은

자신들의 일터와 집을 복음을 선포하는 거점으로 사용하였다."[23]

영적 거점은 하나님이 강력하게 역사하시는 그리스도인의 일터이다. 우리는 사업가일 수도 있고, 직원일 수도 있으며, 사무실이 없는 사업자 또는 무점포 상인일 수도 있다. 또 '모든 거래와 경제 활동이 이루어지는 세계'인 일터는 공간일 수도 있고, 시스템일 수도 있고, 관계일 수도 있다. 이 영역을 예수께서 주도하시며, 하나님께서 경배받으시며, 성경적 원칙이 적용되며, 성령이 활동하시는 처소로 만드는 일이 모든 그리스도인들의 사역이다. 그리스도인 CEO는 자신의 영역을 처소를 만드는 사역자이며, 직원은 자신에게 허락된 공간과 시스템과 관계를 처소로 만드는 사역자인 것이다. 이렇게 해서 형성된 처소를, 하나님께서는 어떤 형식과 방법으로든 영적 거점으로 사용하신다.

이와 관련하여 일터의 그리스도인들은 다음의 세 가지를 명심해야 한다.

① 일터를 비영적인 잣대로 평가해서 귀-천과 우-열로 분리해서는 안 된다. 모든 직업이 평등하듯, 모든 일터도 평등할 뿐만 아니라 거룩하신 하나님의 사역의 '터'이다.

② 해서는 안 될 일을 위한 일터, 즉 사단의 진(camp)과 사령부가 되어서는 안 된다.

③ 일터 그리스도인들은 바로 이 소중한 일에 자신들이 부르심을 받았다는 확신을 가져야 한다.

"부르심을 받았다는 것은 내가 하고 있는 일이 하나님이 원하시는 일이라고 인식한다는 것을 의미한다. 하나님은 특정한 시기에 우리 각자를 불러서 구체적인 임무를 맡기신다. 바울은 아덴의 철학자들과 이야기하면서 하나님은 각 개인의 삶을 위한 구체적인 계획을 가지고 계시다는 점을 분명히 했다. '인류의 모든 족속을 한 혈통으로 만드사 온 땅에 살게 하시고 그들의 연대를 정하시며 거주의 경계를 한정하셨으니'(행 17:26). 하나님은 그분을 위해 무언가를 하도록 나를 창조하셨다.

우리는 상담, 은행 업무, 트럭 운전, 배관, 의료 업무, 육아, 가르치는 일, 목회, 그리고 다른 많은 일들을 하는 사람들이다. 하나님은 모든 직업으로 개개인을 부르신다. 그러나 우리 모두가 공유하는 공통 요소는 우리 모두를 부르신 분이 바로 그분이라는 것이다."[24]

5. 일터에 임하는 하나님의 나라

일터는 분명 하나님의 소중한 '사역의 터'임에도 불구하고, 역사 속에서 그 사역적 가치를 인정받지 못해 왔다. 2,000년 동안 그 사역적 가치를 외면해 온 실수를 교회와 일터의 크리스천들이 또 반복하게 된다면, "금세기에 가장 유력한 선교의 힘"(존 와르튼, John Warton)[25]이 될, 또 "하나님의 백성들을 통해 움직이실 하나님의 위대한 운동이 펼쳐질"(빌리 그레이엄)[26] 일터에서 우리는 "강력하게 역사하시는 하나님"(헨리 블랙커비)[27]을 경험하지 못할 것이며, 결국 교회는 세상의 구원 요청에 응할 수 없는 매우 불명예스러운 순간을 맞이할 것이다. 로버트 프레이저의 아래와 같은 경고에 우리는 매우 긴장해야 할 것이다.

"만약에 일터의 일선에서 일하는 사람들이 계속해서 대적의 손에 의해 패배하게 된다면, 우리는 정말 도움이 필요한 시간에 도움을 받을 수 없으며, 세상이 절박하게 교회를 향해 지도자들을 요구할 때 우리는 그 요구를 들어 줄 수 없는 상황에 부딪히게 될 것이다."[28]

모든 일터 그리스도인들이 일터를 하나님께서 자신들에게 부여하신 소명을 이루는 사역지로 확신하며 자원하여 일터를 향한 하나님의 사역에 동참한다면, 그래서 일터에서 이루어지는 모든 비즈니스 영역에서 인격에 스며 있는 영성을 드러내고, 말보다는 실천함으로 복음을 증거한다면, 일터를 통해 이루어질 '하나님 나라의 임함'에 동참하는 특권을 누리게 될 것이다.

"그렇게만 한다면 사람들의 삶과 일터와 도시는 물론 온 나라가 그리스도의 능력으로 변화되는 역사가 나타날 것이 틀림없다. 다시 말해 "나라가 임하시오며 뜻이 하늘에서 이루어진 것 같이 땅에서도 이루어지이다"(마 6:10)라는 예수님의 기도가 지금 곧 현실로 나타날 것이다."[29]

주

1) 내쉬(Nash)와 맥레난(McLennan)은, 믿음을 일터어 통합하는 거대한 운동에 관해 연구하면서 영성, 과학, 그리고 종교, 혹은 관리와 종교 영역 등 125권 이상의 책을 읽었고 이를 토대로 새로운 영성과 비즈니스 운동의 내용, 근본적인 가정과 기술을 정리하였다(내쉬와 맥레난, Church on Sunday, pp. 289-90). 일 년 후, 일터 선교의 아버지로 불리는 피트 해먼드(Pete Hammond)는 당시까지 이 주제에 관련되어 영어로 출판된 책 1,500권 중 성경적으로 정확하지 못하거나, 엉터리로 쓰였으며, 필자 중심적이거나 또는 내용이 혼란한 책들이 많았음을 지적했다.(피트 해먼드/폴 스티븐스 & 코드 스바노, *The Marketplace Anointed Bibliography: A Christian Guide to Books on Work, Business and Vocation*(Downers Grove, Ill: Inter-Varsity Press, 2002).
2) C. Neal Johnson, *'Business As Mission. A Comprehensive Guide To Theory And Practice'*, IVP Academic, p. 79.
3) "피트 해먼드는, 1930년대에 직장 내의 신앙을 다룬 몇 권의 책이 출판된 이후 2000년에는 약 350권이 출판되었으며, 2005년 초에는 무려 2000권 이상으로 불어났다고 했다." 오스 힐먼, 『일터사역』, 조계광 역(서울 : 생명의 말씀사, 2007), p. 111.
4) Bill Hybels, *'Christian in the Marketplace: Practical Help for the Workaday Christian in a Materialistic Society'*(Weaton, Ill.: Victor, 1982), pp. 32-33.
5) Ed Silvoso, *Anointed for Business: How Christiana Can Use Their Influence in the Marketplace to Change the World*(Ventura, Clif.: Regal, 2002), p. 16.
6) "예수님이 고대 아람어인 '맘몬'이란 단어를 사용하실 때, 그것은 재정의 신으로 섬겨지던, 하늘에 존재하던 한 실체를 말씀하시고 계신 것이다…그러므로 맘몬이라는 악한 영은 예수님이 이 땅에 계시던 그때와 마찬가지로, 오늘날도 섬김을 받으려 역사하며 돈을 사랑하고 신뢰하도록 영향을 미치면서 사람들의 삶을 조정한다." 크래그 힐-얼 피츠저, 『그리스도인의 재정원칙』, 허령 역(서울: 예수전도단, 2004), pp. 28-29.
7) "하나님의 명령은 적절하게 훈련을 받은 영적 생활의 한계 안에서 돈을 사용하도록, 그리고 모든 인류의 이익과 하나님의 영광을 위하여 돈을 관리하도록 우리 앞에 내려져 있다. 그리고 우리가 이러한 일을 행하게 되면 우리는 하나님의 중심부에 더욱 깊이 이끌려가게 되는 것이다. 우리는 하나님께서 이 세상에서 하나님의 일을 하시기 위해서 우리의 적은 노력들을 사용하시려 한다는 사실에 놀란다.
   자원들이 생명을 주는 사역에로 보내어진다. 의지할 데 없는 사람들이 도움을 받는다. 그리스도의 나라를 진척시키는 계획들이 자금을 공급받는다. 커다란 선이 이룩된다. 돈은 그것이 하나님의 생명과 힘이라는 맥락 안에서 사용될 때 축복이 된다. 우리는 살아 있는 동안에 돈을 통제하고 사용할 수 있다. 또한 우리가 죽을 때에도 돈을 통제하고 사용할 수 있다. 자비로운 유언을 남기는 것은 좋은 일이다. 왜냐하면 우리가 죽은 후에 우리의 부가 많은 사람들을 축복할 것을 안다는 것은 기쁜 일이기 때문이다." 리처드 포스터, 『돈-권력-섹스』, 김영호 역(서울: 두란노, 2002), p. 57.

8) Denis O. Tongoi. *Mixing God with Money*, Bezalei Investments LTD. pp. 21-22.

9) 로버트 프레이저, 『마켓플레이스 크리스천』, 장도희 역(서울:순전한나드, 2007), p. 31.

10) '뒷거래를 통하여 떳떳하지 못하게 은밀히 일을 조작하는 짓'을 속되게 이르는 일본 말로, 정황상 가장 적절한 단어라고 판단되어 사용한다.

11) 제리 플레밍, 『정직한 경영이 돈을 번다』, 황을호 역(서울: 생명의 말씀사, 2006), pp. 90-91.

12) Dr. Jorg and Jurg Opprecht. *Kingdom Companies: How 24 Executives Around the Globe Serve Jesus Christ Through Their Businesses*. Self published, 2004. pp. 105-107.

13) Mark L. Russell. *The Mission Entrepreneur, Principles and Practices for Business as Mission*. New Hope Publishers. pp. 183-198.

14) 오스 힐먼, 『일터사역』, 조계광 역(서울: 생명의달씀사, 2007), p. 22.

15) 로버트 프레이저, 『마켓플레이스 크리스천』, 장도희 역(서울: 순전한나드, 2007), p. 25.

16) Dr. Jorg and Jurg Opprecht. *Kingdom Companies: How 24 Executives Around the Globe Serve Jesus Christ Through Their Businesses*. Self published, 2004. pp. 105-107.

17) 매츠 튜네핵 외 2인, *Business As Mission*, 김기영 역(서울: 예영커뮤니케이션, 2010), p. 49.

18) 폴 스티븐슨, 『21c를 위한 평신도 신학』, 홍병룡 역(서울: 한국기독학생회출판부, 2001), p. 82.

19) 폴 스티븐슨 , 『현대인을 위한 생활 영성』, 박영일 역(서울: IVP, 1999), p. 147.

20) 폴 스티븐슨, 『21c를 위한 평신도 신학』, 홍병룡 역(서울: 한국기독학생회출판부, 2001), p. 123.

21) 위의 책. p. 127.

22) 댈러스 윌러드, *The Spirit of the Disciplines: Understanding How God Changes Lives*(SanFrancisco: HarperCollins Publishers, 1991), p. 214. 〈오스 힐먼, 『일터사역』, 조계광 역(서울: 생명의 말씀사, 2007), p. 214에서 재인용〉.

23) Kent Humphreys, *Last Investmens*. NavPress, p. 102.

24) 존 맥스웰, 『크리스천이 직장에서 성공하는 법』, 김용환 역(서울: 국제제자훈련원, 2008), p. 115.

25) C. Neal John. *Business As Mission*, IVP. p. 90.

26) 위의 책. p. 90.

27) 위의 책. p. 90.

28) 로버트 프레이저, 『마켓플레이스 크리스천』, 장도희 역(서울: 순전한나드, 2007),
    p. 25.
29) 위의 책. p. 25.

일터사역 운동

우리 모두는 하나님이 세우신 선교사다.
페인트 칠하는 사람, 공무원, 축구 선수, 학생, 주부, 웨이터, 택시기사,
은행원, 판매원 등 누구나 자신이 일하는 곳에 파송된 사역자다.[1]
_데니스 바케(Dennis W. Bakke)

하나님께서는 모든 역사 속에서 강력하게 움직이신다. 종교개혁[2]과 16세기에 출현한 재세례파(再洗禮派, Anabaptist, Rebaptizer라고도 함),[3] 17세기 후반과 18세기 초의 청교도주의(淸敎徒主義, Puritanism)[4]와 경건주의(敬虔主義, Pietism),[5] 18세기의 모라비안[6], 감리교 운동[7], 미국의 대각성 운동(大覺醒運動, Great Awakening)[8], 1793년 인도로 항해해 간 윌리엄 캐리(William Carey)[9]에 의해 시작되었던 19세기 여명기까지의 현대선교 운동, 19세기의 중국내지 선교[10], 학생기독 운동[11], 여성선교사 운동[12], 에든버러 회의[13]와 에큐메니칼 운동[14], 20세기의 오순절 운동[15]과 같은 다양한 운동들을 통하여 하나님께서는 잃어버린 영혼들을 구원하셨다. 일터사역 운동 역시 이 시대의 잃어버린 자를 구원하시려는 하나님의 강력한 구원의 방법으로 등장하고 있다.

이러한 의미에서 비즈니스 영역을 섬기는 선교 단체의 대안으로서 일터사역의 등장은 새로운 것이 아니다. 이미 100여 년 전, 찰즈 쉘던(Charles Sheldon)은 『주님의 발자취를 따라』(In His Steps)라는 자신의 책에서 모든 비즈니스 CEO들에게 "WWJD, 그리스도라면 어떻게 하실까?(What Would Jesus Do?)"[16]라는 기준을 제시했다. 같은 시기에 베를린 비즈니스 영역을 그리스도께로 인도하기로 결정한 '독일 그리스도인 비즈니스맨'이란 그룹은 일터에 있는 형제들을 전도하고 제자화하기 위한 CiW(Christian in the Workplace) 그룹을 조직하였다. CiW는 아직도 유럽의 독일어권 나라에서 강한 힘을 발휘하고 있다. CiW의 국제 파트너 중 일부만 소개하면 다음과 같다: 유럽의 스위스 소재의 IVCG; 아시아에 소재한 FGBMA; 남미와 중앙아시아에 있는 La Red("비즈니스 네트워크"의 "The Net"이란 단어의 스페인어).[17]

이러한 하나님의 구원 사역은 역사 속에서 교회와 그리스도인들에게 강력한 영향을 주었다. 풀러신학교 목회학 박사 프로그램의 디렉터였던 그렉 옥덴(Greg Ogden) 교수에 따르면 20세기에 발생하여 그리스도인에게 강력한 영향을 주었던 여덟 개의 갱신 운동이 있었다.[18]

 ① 은사주의(Charismatic) 운동
 ② 소그룹 운동
 ③ 예배 갱신 운동
 ④ 영적 은사(Gifts) 운동
 ⑤ 에큐메니칼 운동
 ⑥ 교회 성장 운동
 ⑦ 구도자 교회(Seeker Church) 운동
 ⑧ 뉴 패러다임(New Paradigm) 교회 운동

1. 일터사역 운동의 사역자들, 그 위대한 비주류의 주역들

"성경에 등장하는 대부분의 위대한 영웅들은 세속적인 직업에 부름받은 사람들이었다. 아브라함은 요즘으로 보면 부동산 개발업자였고, 야곱은 목장의 일꾼이었다. 요셉은 국무총리였고, 에스더 왕후는 미인 대회 입상자였으며, 루디아는 직물 짜는 사람이었다. 그 외 많은 영웅들은 군인들이었다. 내가 좋아하는 다니엘은 바벨론의 하버드대학을 졸업한 정치인이었다.

이들은 목회자도 아니었고, 목회자를 돕는 직업에 종사하지도 않았다. 사실상 그들은 자신들이 믿는 신념과는 반대편에 있는 조직 속에서 리더로 일했다. 한 마디로 그들은 세속적인 조직을 위해 일했다."[19]

옥덴 교수가 열거한 여덟 개의 갱신 운동과 마찬가지로 '일터사역 운동'이 강하게 등장하여 확산되고 있음을 고려할 때 '일터사역 운동'은 아마도 21세기 최초의 선교 운동이 될 수도 있다. 풀러신학교의 전 학장이었던 피어슨 교수에 따르면 모든 선교 운동은 '일반적인 위기감'에서 생겨난다고 한다. 하나님의 백성들과 교회가 하나님의 선교에 대한 열정에서 멀어지고, 자기들의 문화와 관습에 빠져 있을 선교적 위기의 시기에, 하나님께서는 비주류의 사람(역사상 기득권자인 주류들에 의한 개혁과 변혁을 발견하기가 결코 쉽지 않다. 물론 이는 선교 운동에도 동일하다)들을 부르셔서 당신이 강력하게 역사하시는 선교 운동을 일으키신다.

> "성경 어디에도 하나님이 선교나 목회, 종교와 관련된 직업을 다른 소명이나 직업보다 좋아하신다는 증거가 없다. 성경에서 최초로 하나님의 영으로 충만하였다고 언급된 사람은 브살렐이다. '하나님의 영을 그에게 충만하게 하여 지혜와 총명과 지식으로 여러 가지 일을 하게 하시되'(출 35:31). 그 영예를 받은 사람은 모세나 여호수아가 아니었다. 브살렐이 목사였는가? 그는 하나님이 이스라엘 사람들 가운데서 뽑은 지도자였는가? 브살렐은 성막을 디자인하고 건축하는 장인이었다."[20]

일터는 2000년 동안 하나님의 선교 현장에서 소외되어 온 비주류 영역이었으며, 또한 일터의 그리스도인 역시 하나님의 선교와 교회 사역에 있어서 늘 이류였다. 그런데 하나님께서는 선교 역사 속에서 비주류 영역의 이류의 사람들을 사용하셔서 강력한 선교 운동을 일으키시고 계신다.[21]

> "성경적인 관점에서 보면 일은 존엄하다. 모든 직업이 다 거룩한 일이다.

'목회사역에 부름을 받았다'거나 '전임사역'이라는 말은 의미 있는 일에 대한 하나님의 생각을 이 사회와 문화가 잘못 해석하는 것이다. 일에 관하여 인간적인 눈으로 신성함의 정도를 정하는 일은 이제 중단되어야 한다. 일터에서는 2등 시민이란 존재하지 않는다…어느 날 갑자기 '전임목회사역'에 소명을 발견했다는 사람의 편지를 받는 일은 이젠 내게 지겨워졌다. 그러한 고백은 부름을 받은 사람과 그렇지 않은 사람을 분리하는 잘못된 이분법을 만들어 낸다. 그리고 왜 오랜 기간 실직을 경험한 후에야 사역으로의 부르심을 발견하는 사람이 그렇게 많은지, 그 이유가 궁금하다. 하나님의 부르심이라는 것이 마지막 수단인가? 오히려 첫 번째 선택이 되어야 하지 않는가?"[22]

그리스도 안에서 모든 인류는 평등하다. 그리고 하나님의 백성(laos)은 주류-비주류, 종-자유자, 성직자-평신도, 남-여, 노-소, 부자-가난한 자, 배운 자-못 배운 자, 백인-유색인, 유대인-이방인 등등 그 어떤 형식과 명분으로도 구별될 수 없다. 모든 그리스도인들은 하나님 사역의 동역자이다. 이 소중한 동역 안에서 어떤 형식과 명분으로도 구별이 있으면 안 된다. 하나님의 백성을 이류라고 불러서도 안 되며, 이류라고 불림을 받아서도 안 된다. 또한 하나님의 백성은 타인을 이류라고 인식해서도 안 되고, 스스로를 이류로 인식해서도 안 된다. 이는 우리 모두는 우리를 화목케 하게 하시기 위해 오신 그리스도의 피공로로 구원함을 얻어 회복된 하나님의 형상이기 때문이다. "이제는 전에 멀리 있던 너희가 그리스도 예수 안에서 그리스도의 피로 가까워졌느니라 그는 우리의 화평이신지라 둘로 하나를 만드사 원수 된 것 곧 중간에 막힌 담을 자기 육체로 허시고 법조문으로 된 계명의 율법을 폐하셨으니 이는 이 둘로 자기 안에서 한 새 사람을 지어 화평하게 하시고 또 십자가로 이 둘을

한 몸으로 하나님과 화목하게 하려 하심이라 원수 된 것을 십자가로 소멸하시고 또 오셔서 먼 데 있는 너희에게 평안을 전하시고 가까운 데 있는 자들에게 평안을 전하셨으니 이는 그로 말미암아 우리 둘이 한 성령 안에서 아버지께 나아감을 얻게 하려 하심이라"(엡 2:13-18).

> "성경은…어디에서도 사역하는 자와 사역하지 않는 자를, 몸이 활동적인 지체들과 수동적인 지체들 사이를, 주는 자와 받는 자를 분리하지 않을 뿐 아니라 구별하지도 않는다."_ 에밀 브루너(Emil Brunner)[23]

2. 하나님이 역사하시는 일터사역 운동

일터사역 운동은 지난 20년간 하나님이 역사하신 영역이다. 일터의 영역에 있는 그리스도의 동일한 비전을 가지고 있는 전 세계의 기독실업인들 사이에서 하나님의 손은 동일하게 역사하고 있으며, 기독실업인들은 독자적이고 동시적이며 세계적으로 이 일을 행하고 있다. 이 현상은 21세기의 지배적인 선교 운동이라고 말할 수 있는 거대한 세계적 운동이다. 이 운동이 발전된다면 기독교 역사상 위대한 사역 운동이 될 것이다.

> "1999년 11월 《비즈니스 위크》는 5년 전만 해도 직장 내의 신앙 운동과 관련된 모임이 단 하나뿐이었지만 지금은 수백 개에 이른다고 보도했다. 기사에 따르면, 정기적으로 모임을 갖는 직장 내의 기도 모임과 성경공부 모임이 10,000개를 웃돈다고 한다."[24]

조지 바나(George Barna)와 마크 해츠(Mark Hatch)가 주장했듯이, 향후 "행동하는 교회의 혁신적 사역이 될 것이 분명한"[25] '일터사역'은 점차 분명한 현실로 다가 오고 있다. "일터는 마지막 선교 영역이며, 일터의 기독교는 어둔 세상의 소금과 빛이며, 부흥의 가장 위대한 가능성은 미국 경제이다."라는 말이 오랫동안 회자되어 오고 있는 상황에서 미국 내의 주류 언론들의 관심은 대단하다. 미국의 세속 언론과 복음적 언론들이 이를 기사화하고 있는데 이미 2001년 7월 16일자 《포춘》지 커버스토리에는 "하나님과 비즈니스(God and Business): 미국 일터의 영적 갱신에 대한 놀라운 요청"이란 제하의 글이 실렸다. 그리고 곧 이어 2002년 1월 11일자 《워싱턴포스트》지 스타일 섹션의 헤드라인에는 "기도와 이익(Prayer and Profits): 침묵하는 동업자이신 하나님에게 정기적인 자문을 요구하는 비즈니스 리더들"이란 제하의 글이 실렸으며, 2002년에만 《Business Week》, 《U.S. World and Report》, 《Time》, 《Industry Week》 등의 잡지에 해당 글이 기고되었고. 복음적 잡지인 《Christianity Today》에서도 이를 특집으로 다루었다.[26]

"오늘날 수백만 명의 남녀들이 비즈니스, 교육 그리고 정부의 영역, 즉 일터에서 풀타임 사역자와 같은 부르심을 받고 있다. 주식거래인, 변호사, 기업인, 농부, 뉴스 리포터, 교사, 경찰, 배관공, 공장장, 리셉션리스트, 요리사 등등과 그 이상의 업종. 이들 중에는 주류 사회에서 영향력을 행사하는 이들도 있고, 수입이 적은 무명의 영웅들도 있지만, 이들 모두는 도시의 중심에 하나님의 나라를 이루는 사역에 거룩한 부르심을 받은 이들이다…하나님께서는 그들을 숨김없이 부르셔서, 이 사역을 위해 그들에게 기름을 부으셨다(사역자로 임명하셨다). 그들은 단지 증인 그 이상이다. 그들은 자신의 직업에, 그 다음 그들이 거하는 도시에, 일세기 발생했었던, 그 변화를 이룰 수 있다."_에드 실보소(Harvard Evangelism의 창시자).

"19세기 미국을 휩쓴 제 2차 대각성 운동이 적어도 부분적으로 뉴욕시의 비즈니스맨들이 모여 함께 기도한 결과였다. 그런데 우리 시대에 발생할 3차 대각성 운동은 비즈니스 종사자들에 의해 초래될 가능성이 있다…하나님 경제의 측면에서는 사역과 비즈니스 간의 구별이 없다."_빌 맥카트니(Bill McCartney: Promise Keepers의 창시자).

3. 한국의 일터사역 운동

전 세계적 운동인 일터사역 운동이 한국의 일터 현장에서 활발하게 진행되고 있다. 현재 한국에서 활발히 진행되고 있는 일터사역의 보편적인 내용들을 정리하면 아래와 같다.

1) 무명의 일터사역자들

"내가 또 해 아래에서 지혜를 보고 내가 크게 여긴 것이 이러하니 곧 작고 인구가 많지 아니한 어떤 성읍에 큰 왕이 와서 그것을 에워싸고 큰 흉벽을 쌓고 치고자 할 때에 그 성읍 가운데에 가난한 지혜자가 있어서 그의 지혜로 그 성읍을 건진 그것이라 그러나 그 가난한 자를 기억하는 사람이 없었도다 그러므로 내가 이르기를 지혜가 힘보다 나으나 가난한 자의 지혜가 멸시를 받고 그의 말들을 사람들이 듣지 아니한다 하였노라"(전 9:13-16).

무엇보다 한국의 너무도 소중한 '무명의 일터사역자'들을 제일 먼저 소개하는 것은 당연하다. 수많은 일터에서 이 무명의 사역자들의 섬김과 중보, 금식과 사역을 통해 이루어지는 하나님의 위대한 사역에 우리는 늘 감사해야 한다. 이분들이야말로 전도서 9장에 등장하는 가난한 지혜자로서 일터와 도시와 국가를 지키는 영적 파수꾼인 것이다.

2) 일터교회

작금에 많은 '일터교회'들이 등장하고 있다.

① 일터사역 기관에서 사목으로 섬기던 목회자를 중심으로, 또는 일터사역이 활발하게 운영되던 회사에서 일터사역자로 섬기던 분들을 중심으로 직·간접적으로 일터사역을 목표로 모이는 교회들이 있고,

② 일터에서 성실히 근무하던 분들이 일터사역의 사명을 받고, 개척하는 교회가 있고,

③ 일터사역의 중요성을 인식하고 일터교회로 전환하는 교회들도 있으며,

④ 마지막으로 미국의 일터교회에서 파송한 한인 사역자들이 개척한 일터교회들이 있다.

3) 일터사역 재단

높은뜻숭의교회(www.soongeui.or.kr)에서 시작한 열매나눔재단(www.merryyear.org)은 일터사역과 관련된 한국 기독교의 자부심이다. 이 자랑

스러운 재단은 그 스스로가 표방하듯이 사회적 기업이다. 열매나눔재단
은 사회적 기업을 다음과 같이 정의한다.

> "사회적 기업(Social Enterprise) 또는 사회적 목적기업(Social Purpose En-
> terprise)이라는 용어는 저소득층이나 노숙자, 소외된 사람들에게 일자
> 리와 직업훈련 기회를 제공하기 위해 비영리 활동가가 설립한 기업을
> 자칭하는 말로 미국에서 처음 사용되었습니다. 이후 사회적 기업은 일
> 반적으로 '영리활동을 하면서 수익을 창출'하는 동시에 '직업교육 및 일
> 자리를 제공하는 등의 사회적 목적을 달성'하며, 창출된 이익은 사회적
> 목적을 위해 재투자하는 기업을 뜻하게 되었습니다."[27]

새터민들이 남한 사회에 안정적으로 정착할 수 있도록 지원하는 열매
나눔재단은 물질적·정신적 자립을 목적으로 세워졌으며, 새터민들에게
다음과 같은 세 가지를 제공한다.[28]

① 일자리 창출 : 사회적 기업 / 취업알선
② 자립교육 / 인권교육 : 새터민들의 기초 정착교육에서 자립 심화교
   육까지
③ 정책개발 : 탈북민들의 안정적 자립도델개발을 통한 정책연구 및
   제안

열매나눔재단의 새터민 사역은 다문화적 상황에서 진행된다는 점에
서 일터사역과 BAM 사역을 다 포함하는 사역이다. 공식적으로 표방하
지는 않지만 기업의 사회적 책임, 그 이상을 지향하는 킹덤 기업으로서
의 궁극적인 목적에 대해 이 재단은 독자들이 지대한 관심을 가지고 중

보기도를 포함한 일체의 후원에 적극적이기를 바란다. 열매나눔재단의 사역에 관해서는 이 책의 제 2권인 '실제편'에서 집중적으로 다룰 예정이다. 이에 대해 이 재단의 이사장인 김동호 목사님과 이미 대화를 나눈 바가 있다.

4) 사역기관

한국의 대표적인 '일터사역' 단체는 사단법인 '한국기독교직장선교연합회(www.workmission.net)'로 알려져 있다. 이 단체의 홈페이지를 방문하면 '한국기독교직장선교연합회'의 역사와 전국적으로 매우 활발하게 진행되고 있는 사역 등에 대한 자세한 정보를 얻을 수 있다.

또한 한국 최초의 일터사역연구소는 '직장사역연구소(www.bmi.or.kr)'이다. 물론 당시에는 '일터사역'이란 용어를 사용하지 않았던 시기여서, '일터(Marketplace 혹은 Workplace)'란 단어가 아닌 'Business'를 사용하여 'Business Ministry'라고 칭했을 것으로 짐작된다. 현재 '직장사역연구소(BMI)'는 CSN(그리스도인 CEO 워크)과 WMTC(직장사역훈련센터)를 연합하여 WMF(Workplace Ministry Fellowship)란 연합체를 구성하여 효과적으로 사역하고 있다. 또한 기독교경영연구원(http://www.kocam.org)도 매우 중요한 일터사역기관이다.

5) 다양한 세미나와 포럼

'일터사역'과 관련한 다양한 세미나와 포럼이 근자에 많이 개최되고 있다. 예를 들어, 2010년 8월 11일에 개최된 37차 CBMC 한국대회에서는 일터사역이 집중적으로 다루어졌다. "한국대회의 가장 큰 특징은 성경말씀에 근거하여 일터사역의 중요성을 재인식하고, 일터사역의 추진방법에 대해 학습하는 시간을 마련한 것. 특히 사업가 또는 전문인으로서 성공적인 일터사역을 담당했거나 담당하고 있는 모델들에 대해 바로 알고, 도전받아 실천을 결단하는 것이다."[29]

6) 직장선교대학

"1988년부터 지금까지 총 1천 6백여 명의 수료생을 배출해 온 직장선교대학은 직장 복음화의 비전을 심어 주고 전도와 제자양육 등 실천적인 선교사역을 할 수 있도록 이론강의와 현장실습을 병행하여 기독 직장인들의 영성과 사역 역량 강화에 도움을 주어 왔다. 특히 기초육성과정(1단계), 사역자육성과정(2단계), 직장선교지도자육성과정(3단계)을 단계별로 운영하며 대상자에 따라 효과적인 교육을 실시해 왔다.

서울직장선교대학(42기 2단계)은 9월 12일부터 11월 28일까지 충무성결교회에서 진행되며, 수원직장선교대학(12기 2단계)은 9월 5일부터 11월 28일까지 영광교회에서, 보령직장선교대학(4기 2단계)은 9월 12일부터 11월 28일까지 대동장로교회에서 실시된다. 이 외에 전북직장선교대학(7기 1단계)이 9월 12일부터 12월 5일까지 전주 CCC회관에서, 대전직장선교대학(3기 1단계)이 9월 19일부터 12월 5일까지 새로남교회에서 각각 진행된다.

직장선교대학 이재웅 목사(한국직장선교연합회 지도목사)는 '직장 복음화는 민족 복음화와 세계 선교의 첩경'이라며 '기독 직장인들이 영적 무장을 하고 삶의 현장에서 직장 선교사로서 사명을 다할 수 있도록 최선을 다해 섬길 것'이라고 밝혔다.

한편 직장선교대학은 훈련생 및 수료생들의 영적 성장을 위해 9월 5일부터 10월 24일까지 서울 동명교회에서 성경통독(구약 일독)을 실시하며 영어 기초 실력을 기르기 위해 10월 31일부터 12월 5일까지 같은 장소에서 선교영어기초과정을 운영할 예정이다.”_《크리스천 투데이》(2009.9.8)

“대전직장선교연합회는 2009년 9월 19일 새로남교회(오정호 목사) 2층 아가페 홀에서 3기 1단계 대전직장선교대학 개강예배를 드렸다. 이날 입학한 총 10명의 훈련생은 9월 19일부터 12월 5일까지 매주 토요일마다 직장 선교 기초육성과정을 훈련받게 된다.”_《크리스천 투데이》(2009.9.19)

7) 일터사역 대회 및 집회

외국의 저명한 일터사역의 선구자들을 초청하여 집회를 진행하는 현상이 많아지고 있다. “교회성장연구소(홍영기 목사)와 순전한나드(허철)는 ‘2007 IHOP 컨퍼런스’를 개최했다. 24시간 기도운동을 펼치고 있는 IHOP(국제기도의집)의 분과 가운데 하나인 ‘요셉 컴퍼니’는 이름대로 요셉과 같은 비전을 가진 CEO(최고경영책임자)와 직장인 크리스천을 일으키고 섬기기 위한 기도사역을 하고 있다. 이번 집회는 9월 10일부터 15일까지 세 차례 진행됐다. 1차는 ‘사업의 기름 부으심’, 2차는 ‘예수 그리스도와의 친밀함’, 3차는 ‘크리스천 CEO 특별 세미나’로 열렸다.”[30] 또 부산성시화운동본부는 ‘2010년 어웨이크닝 일터사역 지도자대회’를 6월 24일 오후 7시 부산 주례동 동서대 대학교회에서 개최했다. “해마다 개최되는 어웨이크닝(Awakening·각성) 해운대 집회를 대신하는 이번 대회는 부산 성시화를 위한 실제적인 섬김과 일터사역 연합 네트워크의 구축을 위한 첫 단추로 10월 25,26일 양일간 개최될 '일터사역 사명자 컨퍼런스'를 위한 리더들이 모인다는 점에서 부산교계의 주목을 받고 있다. 부산 전역의 신우회와 각종 직능조직 지도자들이 모이는 이번 대회는 1부 부르심, 2부 헌신, 3부 파송 등 총 3부로 진행된다."[31]

8) 일터예배

주중 점심시간을 이용하여, 직장인 예배를 드리는 교회들이 많아지고 있다. 이 교회들은 직장인 예배의 참석자들에게 점심을 제공하는 경우가 대부분이다. 또 직장에서 드리는 주중 예배도 있다. 이 경우에는 주중의 같은 시간에 회사 내의 전 사원들이 모여 함께 예배드린다.

9) 기타 모임들

CBMC 주중 모임을 비롯하여, 일터인들을 위한 조찬기도 모임 및 성경공부 등이 매주 수많은 일터에서 진행되고 있다. 그리고 일터사역과 관련된 책들과 자료들을 쉽게 구할 수 있다.

이 모든 것을 종합해 볼 때, '일터 내부(within)'와 '일터를 통해(through)' 새롭게 등장하는 '일터사역'은 하나님의 강력한 선교 운동이 될 것이 분명하며, 그 잠재력 또한 가히 상상을 초월할 것이다.

"나는 일터사역 운동이 종교개혁에 버금가는 영향력을 행사할 수 있는 잠재력이 있다고 생각한다"._피터 와그너(Peter Wagner)

1) 데니스 바케, 『일의 즐거움』(*Joy At Work*), 송경근 역(서울: 상상북스, 2007), p. 284.

2) 16세기 유럽에서 로마 가톨릭교회에 반대하여 일어난 개혁 운동. 1517년에 루터가 95개조 반박문을 제시하여 면죄부 판매를 공격한 데서 비롯하였는데, 개인의 신앙과 성서 해석의 중요성을 강조하였고, 그 결과 프로테스탄트(개신교) 교회가 성립되었다. 『DAUM 국어사전』

3) 16세기 유럽 대륙에서 생성된 프로테스탄트의 일파. 유아세례를 부인하며 '믿는 자'의 세례를 강조함. 유아세례를 받았던 사람에게 세례의식을 베풀었기 때문에 '재세례파'라는 별명이 붙어졌고 이것이 교파이름이 되었다. 재세례파는 초기 종교개혁 운동과 밀접한 관계가 형성되었는데, 루터, 쯔빙글리, 칼빈 등의 정통 종교개혁가들에 의해 배척받았고 로마 가톨릭 교회로부터 수만 명이 처형당했다. 『기독교백과사전』

4) 16세기 말과 17세기에 일어난 종교개혁 운동. 청교도들은 엘리자베스 1세 통치 초기에 이루어진 종교협정 이후 존속되어 온 로마 가톨릭 교회의 구습으로부터 영국국교회를 '정화'하고자 노력했다. 모든 생활에서 도덕적·종교적 진지성을 보인 것으로 유명한 청교도들은 교회개혁을 통해 자신들의 생활방식을 전 국민의 삶에 확산시키려고 했다. 국가를 변혁시키려는 그들의 노력은 내란으로 이어졌고, 청교도적 생활방식의 실용모형으로 미국 식민지를 건설하게 되었다. 『브리태니커』

5) 17세기 독일 루터교에서 시작되어 많은 영향을 끼친 신앙개혁 운동. 교회의 세속화에 반대하여 개인적 신앙을 강조한 경건주의는 곧 다른 나라들에 퍼졌고, 시간이 감에 따라 사회적·교육적 관심사들도 강조하게 되었다. 그리스도교 역사를 통해서 신앙이 경험에서 멀어지게 될 때마다 그에 대한 반동으로 경건주의 운동들이 일어났다. 17세기 초 루터교는 로마 가톨릭과 종교개혁권 내의 반대파들과 논쟁하는 데는 유용했지만 영적인 양식을 제대로 공급하지 못하는 스콜라주의적 체계로 굳어져 버렸다. 30년전쟁으로 폐허가 된 독일에서 몇 가지 주목할 만한 부흥의 징후들이 나타났고, 경건문학과 신앙적 신비주의 전승에 대한 관심이 일어났다. 리처드 백스터, 존 번연(John Bunyan)을 비롯한 여러 저자들의 작품이 번역되면서 영국 청교도사상의 영향이 대륙에 미쳤다. 신앙적인 이유에서 네덜란드로 추방된 사람들, 그중에서도 윌리엄 에임스(William Ames)는 독특한 네덜란드 경건주의를 일으켰는데, 그것이 곧 독일에 확산되어 독일 루터교권에서 이미 '개혁 정통주의'로서 모양을 갖추기 시작한 개혁운동의 일부가 되었다. 이들 정통파 루터교인들의 '가슴과 심장의 신학'은 요한 아른트(Johann Arndt, 1555~1621)가 쓴 책들로 가장 잘 대변되었고 또 폭넓게 소개되었다. 또한 루터교가 그 시기에 쓰던 찬송가도 영적인 부흥 분위기에 중요한 기여를 했다. 『브리태니커』

6) 모라비안은 남아공, 청나라, 페르시아, 북극 등에서 활발한 해외선교를 벌였는데 순

전히 비즈니스 선교 방식을 따랐다. 각자의 직업에 종사하면서 외국에서 현지인들과 함께 일하며 일상 속에서 말과 행동으로 복음을 전했다. 18세기 당시 개신교 선교사의 절반이 모라비안이었다는 주장도 있다.(폴 피어슨, Paul Pierson)

7) 루터와 칼빈이 죽고 영국의 종교개혁이 일어난 지 2백 년이 지나면서 청교도 정신은 사라졌고, 국교회의 감독들은 세속에 빠져 있을 때 "18세기 영국의 신학자 존 웨슬리(Rev. John Wesley)의 복음주의 운동과 사회복음 운동, 부흥 운동으로 등장한 개신교 교파이다. 현재의 전 세계적으로 폭넓은 신학적 토양을 제공하였으며, 특히 영미에서 개인구원과 사회구원활동을 전개하고 있다. 폭넓은 신학적 역량으로 다양한 개신교 교파가 감리교 영향하에 설립되었다. 우리나라에서는 성결교회, 순복음교회, 구세군교회 등이 감리교의 신학적 영향을 받았다. 우리나라에서는 기독교대한감리회로 활동한다.「위키백과」

8) 주로 1720-40년대 사이에 영국의 아메리카 식민주(state)들에서 일어난 신앙부흥 운동. 이 운동은 17세기 말에서 18세기 초 서유럽을 휩쓸고 간 종교운동의 일부로…아메리카 식민지 이주자들에게 신세계에서의 일체감과 하나님이 자신들에게 특별한 목적을 부여해 주었다는 자각을 불어넣어 준 초기 대운동 가운데 하나였다. 그들은 뉴잉글랜드의 무미건조한 이성주의와 중부 식민주들에 분포해 있던 네덜란드 개혁교회의 예배의식에 집착한 형식주의, 그리고 남부의 목회감독 소홀 등에 반대하고 이를 극복하여 하나님과 그 백성 사이의 계약을 새롭게 하려고 노력했는데 이런 것들이 식민주들에서 부흥 운동의 터전이 되었다. 부흥 운동은 주로 네덜란드 개혁교회, 회중교회, 장로교회, 침례교회, 일부 성공회 등에서 일어났으며 이들 대부분이 주로 칼뱅주의자였다.「브리태니커」이 운동을 이끈 대표적인 인물로는 조지 화이트필드(George Whitefield)와 조나단 에드워즈(Jonathan Edwards)가 있다.

9) 현대 선교의 아버지인 윌리엄 캐리는 상업과 무역이 선교에 매우 효과적인 수단이 될 것을 알고 일찍이 비즈니스를 통한 선교의 가능성을 예견한 인물이었다. 그는 구두수선공으로 시작하여, 인디고 식물농장 감독자, 그리고 탁월한 산크리스트 학자로 활동했다. 또 한 대학에서 언어학 교수직으로 있을 때는 봉급을 받았는데 그 중 95%를 선교비로 사용했다.

10) 1865년, 중국선교의 아버지인 허드슨 테일러(Hudson Taylor)에 의해 창립된 '중국내지 선교회'는 선교역사에 있어서 신기원을 이룩하였다. 랄프 윈터(Ralph Winter)에 따르면 이 테일러의 중국내지 선교는 개신교의 선교에 있어서 윌리엄 캐리와 비견되거나 능가할 만큼 중요성을 가지고 있다. 그 특징은 다음과 같다. 첫째, 초교파적이다. 둘째, 저 학력 선교사의 용납이다. 셋째, 선교본부는 선교지에 있어야 한다. 넷째 여성에 대한 선교 기회의 확대이다. 다섯째, 내지 선교이다. 여섯째, 토착문화의 수용이다. 일곱째, 자발적인 헌금에의 의존이다.

11) 기독교 학생이 주축이 된 사업 및 협회 일체. 한편 공식적인 학생기독 운동은 1857년 YMCA 제1차 대회가 에지니아대학에서 시작되었으며, 1877년에는 위샤드(Luther Wishard)의 노력으로 전국 학생 YMCA 조직 운동이 일어났다. 이후 코넬대학의 모트(J. R. Mott)에 의해 세계기독학생연맹(WSCF)이 창설되어 22개국에서 전국기독교학생 운동 단체들이 새로이 조직되었다. 학생기독 운동은 교회와 관련을 맺으

며 대학 운동부터 시작해서 YMCA-YWCA-SVN(학생자원 운동)으로 변천되었으며, 그 후에는 교파별 학생기독교 운동으로 이어져 오늘날 단체 수와 활동 면에서 중심적인 학생기독교 운동으로 발전하고 있다. 『기독교백과사전』

12) 교회 역사는 남성 중심적인 경향이 있지만, 초대 교회에서 여성들의 사역은 아주 중요하였다(롬 16장). 성령은 우리가 기대하지 않았던 무명의 용사들과 상상하지 못했던 방법을 통하여 일하심으로 우리를 놀라게 하신다. 무명용사들 대부분이 여성이었다.

이들의 사역이 주로 비서구권 여성과 어린이들 사역에 집중되었다. 이것은 북미의 최초 여성 운동으로 시작되었고 다양한 운동의 촉매제가 되었다. 19세기에는 여성 해방과 여성 인권을 위한 투쟁으로 나타나기도 하였다. 특별히 메리 웹(Mary Webb)은 1800년 침례교와 회중교단 출신 여성 14명을 모아 보스턴 여자선교후원회를 조직했다. 이는 최초의 미국 해외선교회(ABCFM)보다 10년이나 먼저 생겨난 것이라는 사실에 주목해야 한다. 비전을 가진 소수의 여성들이 전에는 상상할 수도 없었던 일을 시도하였다. 독립적인 수입이 없음에도 선교비를 따로 떼어 선교 운동을 태동시켰다. 자신이 받은 유산을 선교에 드리기도 했다. 다른 가정의 노예로 살았던 샐리 토마스(Sally Thomas)는 평생 모은 전 재산 $345.38을 선교하는 데 사용하였다. 남자들만 선교사로 간주하였다. 따라서 여성들은 선교사 부인으로만 선교에 참여하였다. 미국에서 파송된 초기 선교사들은 모두 결혼을 해야만 했다. 선교사 부인들은 '보조선교사'로 간주되었지만 주목할 만한 일들을 이루어 냈다.

대부분의 비서구권 문화에서 남성이 여성에게 사역하는 것은 쉽지 않았고 많은 문화적 제약을 받았지만 여성들만 현지 여성들과 의미 있는 접촉을 할 수 있었다. 여자 선교사의 사역은 열매가 아주 많았다. 벳시 스톡턴(Betsy Stockton)은 스톡턴 가의 종으로 태어났으나 후에 그 집안의 사위인 그린목사로부터 자유를 선물로 얻어 ABCFM 선교사가 되었다. 76세로 임종할 때까지 그녀가 가르친 학생들 가운데 500명 이상이 그리스도인이 되었다.

여성선교사협회로는, 1847년 볼티모어에 살던 감리교 여성들이 모여 '여성중국선교사협회'를 설립하였고, 1861년 뉴욕에 있던 개혁교회 출신 사라 도레머스(Sara Doremus)는 '여성유니온선교사협회'를 창설하였는데 10년 이내에 이 선교사협회는 중국, 시리아, 그리스, 일본, 버마, 인도에 선교사들을 파송하여 20년 후에 12개국에 101명의 선교사들이 사역하게 되었다

이런 까닭에 우리가 여성의 핵심적 역할을 재발견하려는 노력 없이 기독교 선교를 바로 연구할 수 없다. 여성은 세계 선교 운동에 핵심적 역할을 하였다. 성령께서 선물로 주신 은사들을 발휘하여 세계 선교의 새로운 장을 열었다. 〈폴 피어슨, 『선교학적 관점에서 본 기독교 선교 운동사』, 임윤택 역(서울, CLC 출판사, 2009), pp. 525-544〉.

13) 영국 에든버러(Edinburgh)에서 열린 두 차례 국제회의. 1) 세계 선교 대회: 1910년에 개최되었는데, 세계 160여 선교단체에서 1,200여 명이 참석했다. 에큐메니칼 운동의 선구적 모임으로 모트(J. R. Mott)와 올드햄(J. H. Oldham)이 주도했다. 2) 제2차 신앙과 직제 대회 : 1937년 개최되었는데, 123개 교회에서 344명이 참석했다. 1

차 대회는 27년 로잔에서 모였으며 '은총', '하나님의 말씀', '성도의 교제', '사역과 성례전', '생활과 예배 속의 교회 일치' 등의 주제로 회의를 가졌다. 교회일치 운동(에큐메니칼 운동)에 있어 중요한 의미를 지닌 회의로, 세계교회협의회(WCC)의 제안을 받아들여 '생활과 실천' 대회와 합하기로 결의했다. 『기독교백과사전』

14) "1948년 암스테르담에서 '예수 그리스도 우리의 주를 하느님과 구세주로 받아들이는 교회들의 연대모임'으로 창설되었다. WCC는 교회도 아니고, 교회에 대해 명령이나 지시를 내리는 조직도 아니다. 교회의 일치와 갱신을 위해 봉사하고, 교회들이 서로 만나 대화하며 기도하고 관용과 상호 이해의 정신으로 협동할 수 있는 기회를 제공"하는(브리태니커) 세계교회협의회(WCC)를 정점으로 하여 추진되는 교회일치 운동이다. 헬라어 오이쿠메네는 사람이 사는 모든 지역을 의미하며(눅 2:1), 기독교의 복음은 온 세상에 전파되어야 한다. 사도 시대 이후로 교회의 많은 지파들이 이 용어를 사용해 오고 있다. 로마 가톨릭교회 이외의 모든 교회들은 분열성을 타파하고, 로마 가톨릭교회에 대항할 수 있는 조직을 만들어 그 명칭을 에큐메니칼이라고 하였다. 이 운동은 WCC의 활동뿐만 아니라 많은 교파들 간의 수많은 연합 사업에도 나타나 있다…한국의 경우 이 운동에 대한 보수적 진영의 반발로 일부 교파에서는 교단분열이라는 부정적인 결과를 초래했으나 점차 교회일치 운동에 호응하는 세계교회의 흐름에 발맞추어 한국교회는 개신교회 교파 간의 연합 운동과 나아가서 신-구교회 간의 대화 운동에까지 확대되고 있다. 신-구교 에큐메니칼 운동의 최대 업적으로는 1977년 완성하여 간행된 공동번역 성서였다. 『기독교백과사전』

15) 19세기 미국에서 형성된 근본주의적 프로테스탄트교파, 초대교회 오순절 체험(행 2:1-13)과 같은 성령세례를 강조하며, 특히 방언-신유 등의 성령세례를 강조한다. 오순절은 미국의 성결 운동에 연원을 두고 있으며, 보다 구체적인 형태로 오순절 운동이 전개된 대표적인 예는 1900년 캔자스에서 팔함(C. F. Parham)이 설립한 벧엘성서학교에서 찾아볼 수 있다. 성서 하나만을 교재로 하여, 성령세례를 가르쳤던 팔함의 제자들이 미국 남부에 흩어져 오순절 운동을 전개했다. 그 중에도 1906년 팔함의 제자인 시무어(W. J. Seymour)가 로스앤젤레스 아주사 거리(Azusa Street)에서 벌인 전도 집회가 큰 반응을 일으켰고, 미국성서공회 소속의 돔런슨도 1909년 이후 이 운동의 주도적인 인물로 등장했다. 초기에는 교회 조직을 염두에 두지 않는 순수 신앙 운동으로 전개되다가 점차 별개의 교파 교회로 조직을 갖추게 되었다. 대표적인 교단으로는 하나님의성회, 하나님의교회, 그리스도하나님교회, 국제사중복음교회, 연합오순절교회, 미국 하나님의오순절교회 등이 있다. 『기독교백과사전』

16) Chales M. Shelton, *In His Steps; What Would Jesus Do?*(1897; Nashville: Thomas Nelson, 1999 재판).

17) C. Neal John. *Business As Mission*. IVP. p. 130.

18) Greg Ogden, *Unfinished Business: Returning the Ministry to the People of God*(Grand Rapid : Zondervan, 2003), p. 19.

19) 데니스 바케, 『일의 즐거움』(*Joy At Work*), 송경근 역(서울: 상상북스, 2007), p. 270.

20) 위의 책. pp. 269-270.

21) 피어슨은 역사적으로 주요한 교회 운동들이 지니고 있었던 영적 운동과 부흥을 일
으키는 11개 요소들을 제시한다.
① 선교 운동은 일반적으로 "위기감"에서 생겨난다.
② 운동은 "놀라운 사람들을 통하여 놀라운 방법으로" 대형교회의 비주류에 의해
생겨난다. 피어슨에 따르면 "운동들은 중심부로부터 생겨나기보다는 비주류에서 생
겨난다."
③ 실체를 정의하는 새로운 콘셉트와 새로운 세계관.
④ 중요 인물들의 참여.
⑤ 운동은 엘리트층에서가 아니라, 하부구조에 있는 일반인들로부터 시작된다(성직
자들이 아니라 평신도로부터…).
⑥ 결과적으로 리더십에 배제되었던 사람들과 함께 하는 새로운 리더십.
⑦ 운동을 통제하지 않고, 느슨히 통제하는 새로운 리더십이 생겨난다.
⑧ 이 운동들은 "대나무가 땅 속에서 자라나다가 한 순간 갑자기 땅 밖으로 솟아오
르듯" 그런 식으로 운동이 세상에 솟아오른다.
⑨ 리더십과 따르는 사람들 사이에, 인종적 장벽, 사회 계층적 장벽, 성별적 장벽,
성직자와 평신도의 장벽들이 적어진다.
기존의 신학적 장벽을 깨트리는 신학적 재발견.
새로운 사람에 의해 새로운 신학이 새로운 사람들에 대해 새로운 방법과 새로
운 장소에서 새로운 영적 역동성을 가지고 진행된다.〈Paul E. Pierson, "His-
torical Development of the Christian Movement," MH520/620. class
syllabus(Pasadena, Calf.: Fuller Theological Seminar, Shooll of Word
Mission, 1998), p. 136〉.
22) 댄 밀러, 『나는 춤추듯 일하고 싶다』, 김영실 역(서울: 미션월드라이브러리, 2006),
p. 78.
23) 로버트 뱅크스, 『일상생활 속의 그리스도인』, 한화룡 역(서울: IVP, 1994), p. 39.
24) Michelle Conlin, 'Religion in the Worlplace', Business Week, 1999년 11월.
〈오스 힐먼, 『일터사역』, 조계광 역(서울: 생명의말씀사, 2007), p.105에서 재인용〉.
25) George Barna and Mark Hatch, *Boling Point: Monitoring Cultural Shifts
in the 21st Century*(Ventura, CA: Regal Books, 2001, p, 253.
26) C. Neal John. *Business As Mission*, IVP. pp. 86-89.
27) http://www.merryyear.org/new/business/business_02.asp
28) http://www.merryyear.org/new/business/business_05.asp
29) 《기독일보》 씨디엔 뉴스, 2010.06.04.
30) 《크리스천 뉴스위크》, 정택은 전문기자.
31) 《국민일보》, 2010. 6. 23.

일터사역(The Marketplace Ministry)과 교회의 관계

일터사역(The Marketplace Ministry)과 교회의 관계

　　초대 교회 역사에서 가장 탁월한 일터사역자는 브리스길라와 아굴라 부부이다. 이들은 일터사역에 있어서 가장 흘기차며 창조적인 부부이자 일터사역과 BAM 사역의 가장 위대한 모델이다. 그들은 어느 곳에 가든지 사람들을 예수께로 인도했다. 사도행전 13장 2절에 따르면 이 부부는 로마를 떠나서 고린도로 갔고, 바울과 함께 시리아를 여행하였다(행 18:18). 이후에 이들은 에베소에 나타나 유명한 전도자인 아볼로의 멘토가 되었고(행 18:26) 바울이 고린도교회에 편지를 쓸 때 이러한 사실들을 언급하고 있다(고전 16:19). 로마서 16장 3-5절에 따르면 바울은 이들을 로마의 한 교회에서 만나게 되는데 이들 부부가 바울을 구하기 위해서 어려움에 처했던 것에 감사하고 있다. 마지막으로 바울은 사랑하는 디모데에게 편지를 쓰면서 그들에게 문안하였다(딤후 4:19).

　　브리스길라와 아굴라 부부는 바울과 디모데와 누가가 그랬던 것처럼, 지중해 세계 전체에 복음을 전달했던 핵심 인물들이었다. 그리스도를 전하기 위해서라면 어디로 이동하든지 개의치 않았던 브리스길라와 아굴라 부부는 자신들의 소명을 이해하고, 그 어려움을 감당했던 리더들이었다. 하나님의 영이 이끄는 곳은 어디든지 가서, 문을 열어 복음을 전하였다. 역사상 하나님의 인도하심에 따라 모든 위험을 자처했던 인물은 극히 드물다. 일터사역자들은 브리스길라와 아굴라 부부처럼 멘토링하기에 효과적인 직업을 가지고 있다. 초대 교회의 그리스도인들은 자비량 선교사들이었다. 이들은 복음을 증거하기 위해 일하는 것이 아니라 복음을 증거하면서 일하였다. 이는 오늘날 교회가 실행하는 선교와는 참으로 다른 모습이라는 점이 아쉽다. 더욱이 오늘날 교회가 초기의 기독교 시대의 일터사역자들과 같은 현대의 일터사역자들에 대해 무관심한 현상은 비극이 아닐 수 없다. 이런 점에서, 일터의 고회, 특히 일터사역자들과 교회와의 관계는 태생적으로 껄끄러울 수밖에 없는 것일까?

1. 반감들

"20세기 중반에 교회는 거대한 변화를 맞이했다. 교회의 오래된 생각과 행동들은 더 이상 남을 곳이 없게 되었다. 교회의 지도자들은 더 이상 변화에 저항하면서 성장에 대해 설교할 수 없다. 고통스러운 것이나, 나는 이 과정을 기쁘게 생각한다. 이것은 장기적인 노동의 고통과 비슷하다. 극도로 제도화된 '교회(기독교가 아닌)'는 성도들의 수적 감화, 충성 결여, 사회적 권위 감화와 사회 적개심과의 씨름만을 초래한다.

이제 새로운 밀레니엄을 맞으면서 시장의 영향력은 끊임없이 커져 가고 있다. 31개의 《Fortune》 잡지들은 비즈니스 세계에서 점점 그 영향력을 더해 가고 있는 영성을 마지못해 인정하며, 2001년 여름에 다음과 같이 선언했다.

> '이 (시카고 가톨릭의) 경영진들은, 미국 경제계에 맞서서, 영성과 일의 전통적인 분리를 제거하려는 목적으로 활동하는, 다양하고 비조직적인 수많은 종교 집단을 대표하는 선구자들이다. 역사적으로 이들은 대중의 관심 밖에서 일터에서 기도하고 성경을 공부하며 활동해 왔지만, 그러나 이제 이들은 변화를 위해 더욱 조직적이고 공개적으로 활동하고 있다.'[1]

나는 이 일터-믿음 운동이 미국에 당혹스럽지만 신선하고 격려가 되는 운동이라고 본다. 그 안에는 하나님 나라의 더욱 생기 넘치는 실현에 대한 희망이 있다."[2]

일터와 교회는 '일터사역 운동'에 있어서 공통점이 발견되긴 했지만 역사적으로 늘 그렇지만은 않았다. 역사적, 문화적으로 보면 이들 양자의 분리가 오랫동안 존재했었으며, 지금도 설교 강단과 비즈니스 영역 사이의 분리가 아직 남아 있다. 지금도 이들 사이에 상호 반감과 적대감, 그리고 의심이 명백히 존재한다고 주장하는 사람도 많다.

"교회는 일터를 도외시하였던 것을 돌이켜야 한다. 우리는 치열한 싸움을 치루지 않은 채 그것을 원수들의 손에 넘겨주어 버렸다. 일터 한 가운에 하나님이 함께 계신다는 믿음을 잃어버렸다. 단순히 영적인 요새를 세워 안전한 기독교적 종교 행위만을 추구했다. 즉, 교회 출석 인원에 만족하고, 좋은 모임, 좋은 프로그램을 성공의 척도로 삼았다."[3]

'평신도 르네상스', '제2의 종교 개혁'을 일컫는 일터사역의 아버지 피트 해먼드는 일터사역과 관련하여 많은 나라를 여행하면서 일터의 크리스천들에게 다음과 같은 질문을 반복적으로 받았다고 한다.[4]

- 화요일에 교회는 어디에 있는가?
- 일터에서 예수 그리스도의 주 되심은 무엇을 의미하는가?
- 정부, 교육, 금융, 건강 보험, 농업, 제조업, 판매업의 영역에서 성경적 정의(justice)는 무엇인가?
- 건물 매매, 식품 서비스, 커뮤니케이션, 운송업, 법 혹은 예술 등과 성령은 무슨 관계가 있나?
- 크리스천 평신도들이 단지 기도와 헌금, 그리고 교회 리더들에게 순종하기만 하는 것이 아니라 하나님 나라를 건설하는 일에 헌신하면 안 되는가?
- 전도는 특별히 은사를 받은 전문가들만의 특별한 책임인가, 아니면 모든 신자의 소명과 특권인가?
- 불에 태워질 왕겨와 같이, 일은 타락의 결과인가, 아니면 단지 필

요악인가?

- 평신도 사역과 목회자 사역 사이에 어떤 차이가 존재하는가?
- 성경적인 증거는 단순히 복음을 위한 공식으로 동료들을 개종시키기 위해 그들을 억지로 잡아 두는 것에 불과한가?

피트 해먼드가 수집한 이 질문들은 교회와 교회 지도자들이 그간 일터의 크리스천들에게 얼마나 무관심해 왔었는지를 여과 없이 보여 주고 있다. 사실 일터에는 상당히 많은 그리스도의 신자들이 있다. 그들은 기업의 소유주, CEO, 회장, 매니저, 판매사원, 노동자, 비즈니스맨, 강사, 정부의 직원일 수도 있다. 그러나 그들 중 누구에게도 그 장소와 그 시간에 자신들이 하나님의 목적을 위하여 부름을 받았다는 사실을 들어 본 적이 없다. 이 때문에 그들은 일터의 영역에서 다른 그리스도인과 친교를 나누며 서로 격려하는 모임을 거부해 왔다. 그들은 또한, 하나님의 입장에서 보면 그들의 일이 얼마나 중요한지에 대해서도 인식하지 못했다. 예수 그리스도를 따르는 신실한 제자가 되면서 동시에 성공한 비즈니스맨이 된다는 것에 대해 들어 본 적이 없다. 한 조사에 따르면 "성경이 가르치는 신앙을 직장생활에 적용하는 훈련을 받지 못한 기독교인이 전체의 90~97%에 달한다."[5] 또 다른 조사에 따르면 "전체의 90%가 넘는 신자가 기독교 신앙을 일터에 적용할 수 있는 방법을 교회에서 배우지 못했다고 느끼는 것으로 나타났다. 결국 신자들은 직장이나 일터에서 그리스도의 군사로서 능력 있는 삶을 살지 못하고 있다."[6]

일터의 그리스도인들 중에서 동일한 시간과 동일한 장소에 있으면서 어떤 이들은 성공하면서 그리스도를 따르는 이들이 있고, 이와 반대로 어떤 이들은 그리스도인으로서의 자신의 소명도 모르고, 직장 내에서 자신의 영적 의미도 모르는 이들도 있다. 이러한 상황 속에서 일터사역에 대한 관심을 가지고 있지만, 감당할 정보를 얻지 못하고, 동역자들을 만나지 못해서, 또 일터사역에 대한 소명감 그 자체를 인식하지 못해서 소중한 일터사역을 진행하지 못하는 일터의 그리스도인들이 있다.

그리고 일터에서는 성공한 그리스도인이 교회에서는 스스로를 이류교인으로 인정하는 현상이 있다. "한 그리스도인이 회사에서 1억 불짜리 국제 자문 계약을 했다. 그는 사업계에서는 영웅이 될 수 있지만 교회에서는 50명 정도의 성도들이 출석하는 교회의 뒷자리에 앉아 있는 이류 시민이 된다. 이와 같은 수백, 수천 명의 사람들이 있다. 그들은 자신을 하나님의 가족 중 검은 양 같다고 느낀다."[7] 이러한 현상은 비극이다. 믿음이 대단히 신실한 비즈니스인들조차 자신들의 교회 경험 혹은 개인적인 믿음과 그리고 일터 사이에서 매우 강력한 관계파괴를 느끼고 있다.

"하나님은 교회에만 계시는 분이 아니라, 삶의 모든 영역에서 함께 하신다. 하나님의 임재는 일터와 온 지구상에서 이루어질 것이다. 그러나 우리는 먼저, 일반적으로 교회가 갖고 있는 일터에 대한 잘못된 체계를 무너뜨리는 일을 감당해야 한다. 일터 속에서 살고 있는 그리스도인들의 눈을 열어 주어야 하고, 그곳에서 하나님이 이루시고자 하는 비전을 보게 하여야 한다. 우리는 목회자들에게 이어 대한 이론과 개념과 비전을 전하여, 부지불식간에 일터에 있는 크리스천들을 침체하게 하는 일을 중지하도록 해야 한다. 그리고 우리는 주님을 향한 열정을 가진 좋은 본을 세워야 한다. 이렇게 함으로써, 일터에서도 하나님의 임재를 경험할 수 있게 되고 그 공간을 예수님께로 돌려드릴 수 있게 된다. 바로 이것이 진정 교회와 세상을 위하여 우리가 해야 할 일이다."[8]

또한 교회 강단과 비즈니스 사이의 노골적인 의심과 반목 역시 슬픈 현실이다. 일터와 교회의 사역적 연합을 강조하며 실천하는 윌로우크릭 교회의 빌 하이블스(Bill Hybels) 목사는 비즈니스와 일터에 대한 설교와 강의를 많이 하는 목회자이다. 빌 하이블스 목사는 크리스천 사업가들에게 비즈니스에 관해 설교를 한 후 "목사가 왜 비즈니스에 대해 말하느냐?"는 항의성 질문을 받았던 경험이 있다고 한다.[9] 이는 또한 일부의 사업가들이 가지고 있는 교회 지도자들에 대한 부정적인 시각의 한 단면이다. 뿐만 아니라 일반적으로 영적인 일이 아닌 일반적인 일터에서 일하면서 교회 사역을 감당하는 이중직 목회자들에 대한 반감도 강력하다.

2. 양자 사이의 분리(간격)의 10가지 원인

2004 로잔의 '일터사역' 이슈 그룹 보고서는 소위 'Sunday-Monday Gap'으로 일컬어지는 '일터와 교회 사이의 간격 혹은 분리의 원인 10가지'를 정리하고 있다.

1) 이원론의 영향 때문이다.

세상을 영과 육, 성스러운 것과 세속적인 것으로 분리하는 이원론은 역사적으로 교회에 엄청난 영향을 끼쳤을 뿐만 아니라 교회와 일터를 분리시키는 긴 장정의 첫 호각을 불었다. 일터에 끼친 이원론의 악영향 역시 치명적이었다. 이원론의 지배를 받는 영적 영역의 목회자가 세속적 영역에서 구조적이고 윤리적인 딜레마에 빠져 표류하는 일터 크리스천에게 구명정을 보내 준다거나, 물속에 뛰어들어 그들을 구조하는 감격적인 포옹은 전혀 가능한 일이 아니었다.

성경에는 고대 혹은 현대, 동양 혹은 서양, 사생활과 공공생활, 신앙과 일, 사랑과 정의 사이의 이원론적 간격이 없다. 성경에는 창조자(노동자)로서의 하나님(창 1-2; 요 5:17; 계 21:5), 목자(시 23편)로서, 용사(출 15:3)로서, 교사(시 143:10; 잠 15:33)로서, 토기장이(렘 18:6; 롬 9:20-21)로서 그리고 포도원 일꾼(사 5:1-7; 요 15:1-6)으로서 등과 같이 많은 하나님의 형상들이 있다. 또한 요셉과 에스더, 다니엘, 느헤미야, 루디아, 브리스길라와 아굴라 등과 같이 하나님의 백성들 중에서 탁월한 일터의 그리스도인을 발견할 수 있다.

존 하워드 요더(John Howard Yoder)의 『예수의 정치』(*The Politics of Jesus*)라는 책은 자신들의 빛을 발하여서 타인들로 하여금 선한 일을 볼 수 있도록 하여 하나님께 영광을 돌리는 하나님의 백성을 언덕 위에서 세상을 비취는 도시(polis)로 묘사한다(마 5:16). 바울은 에베소 교인들에게 다음과 같이 말하고 있다. "우리는 그가 단드신 바라 그리스도 예수 안에서 선한 일을 위하여 지으심을 받은 자니 이 일은 하나님이 전에 예비하사 우리로 그 가운데서 행하게 하려 하심이니라"(엡 2:10). 그리고 "도둑질하는 자는 다시 도둑질하지 말고 돌이켜 가난한 자에게 구제할 수 있도록 자기 손으로 수고하여 선한 일을 하라"(엡 4:28).

에베소서 6장 8절에 나오는 "이는 각 사람이 무슨 선을 행하든지 종이나 자유인이나 주께로부터 그대로 받을 줄을 앎이라"에 나오는 "선한 일(good work)"은 데이비드 프리오(David Prior)에 따르면, 직업과 일을 바르게 하라는 뜻보다는 우리가 구원을 얻는 수단으로 수시로 "선을 행하는(do-goodery)" 것을 의미한다. '선한 일'은 총체적으로 매일의 일을 윤리적이고, 매력적인 방법으로 행하는 "양질의 일(quality work)"을 의미한다. 이는 록펠러와 같은, 교회를 출석하면서도 부정한 비즈니스 거목들이 자선을 통하여 스스로 위안을 삼았던 것과는 다르다.[10]

2) 일을 삼위일체적으로 이해하지 않기 때문이다.

공공의 일터와 교류하는 데의 무능력함과 전도를 사람을 구원하는 사역에만 국한한 성경관은 균형을 상실한 삼위일체론를 초래했다. 창조자이시며, 구속자이시고, 성화롭게 하시는 분이신 하나님의 삼위일체적 사역처럼, 하나님의 형상 안에서 우리의 일도 삼위일체적이어야 한다. 그러나 우리는 삼위일체를 믿으면서도, 삼위일체를 인정하지 않고 일신론을 믿는 유니테리언처럼 행동하기도 한다. 이런 영향을 받은 우리는 마치 하나님께서 두 손(말씀과 성령)이 아닌 한 손(말씀 혹은 성령) 세상을 창조하신 것처럼 행동한다. 그러나 일은 '그림 1'에 나타나듯 삼위일체적으로 이루어져야 한다.[11]

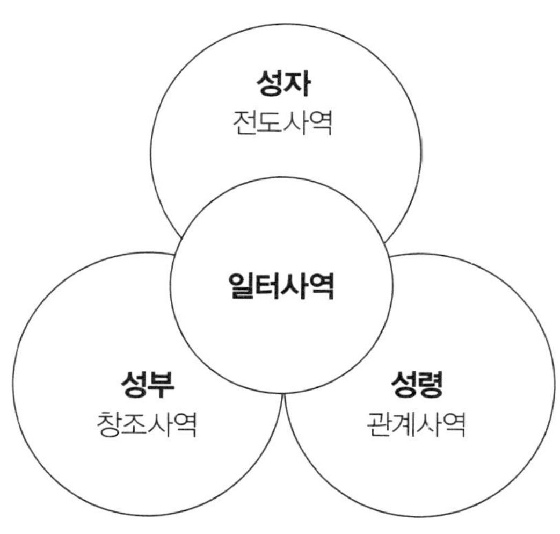

그림 1

3) 창조명령과 문화명령(창 1:26-28; 2:1-25)에 대해 이원론적이며, 개인 윤리적, 일신론적(unitarian), 이신론적(binitarian) 성경해석 때문이다.

이 경우는 대사명(마 28:18-20)과 사랑 명령(네 이웃을 네 몸처럼 사랑하라) 이 헌신된 그리스도인의 사상의 중심이라는 사실을 간과한다. 그래서 이 는 전도, 직접적인 전도적 일, 또는 사람을 돌보고 섬기는 일을 하는 데 은사가 없는 그리스도인에게 부정적인 영향을 주어 기술자나, 세속적인 일, 행정, 예술, 그리고 운동 분야에 종사하는 사람들을 이류라고 인정 하게 만들었다.

4) 모이는 교회만을 강조하는 교회론 때문이다.

모이기를 열심히 할 뿐만 아니라 흩어지는 데도 열심인 교회가 건강 한 교회이다. 이원론의 영향을 받은 중세의 서방 교회에서는 마르다의 활동적인 삶보다는 마리아의 '완벽한' 명상적 삶(눅 10:38-42)을 더 강조했 다. 목회자 중심의 교직화(clericalization)는 '신자 길들이기'[12]로 이끌었다. 평신도들은 헌금을 내고, 기도하고, 순종해야만 했다. 가톨릭의 그리스 도와 성직자들은 늘 문화와 평신도보다 우위에 있었다. 지금도 '모든 신 자의 제사장화가 아닌 모든 목회자의 교황화'를 믿는 사람들이 많다. 또 한 목회 현장에서는 교인들이 일터의 세속화에 넘어가서 모이는 교인들 이 줄어들 것에 긴장하는 목회자가 있다. 그러나 평신도 해방은 반목회 자 운동이어서는 안 된다. 평신도 해방은 평신도를 '그 길들이기'에서 구 출하여 일터의 사역자로 세상에 흩어지게 하는 것이다.

5) 신앙과 일을 통합시키는 교육을 제공하지 못하는 신학교의 문제이다.

19세기 개신교는 천주교 세미나 시스템(아테네) 혹은 신학교육의 자유 학문 시스템(베를린)을 채택했다.[13] 현재 그 수가 늘어나고 있는 평신도들이 신학교육을 받고 있지만, 신학대학의 대부분의 학생들은 자신들의 믿음과 일을 일터사역으로 통합하는 교육을 받지 못하고 있다.

6) 삶의 변화는 거의 일어나지 않으면서 맡겨진 일을 감당하는 청지기 직에 대한 낡아 빠진 생각 때문이다.

서양의 주류교단이 거의 사라지는 상황에서 시간과 돈을 오직 교회 유지만을 위해 사용하는 현상이 팽배해졌다. 이는 참으로 모자란 생각이다. 또한 돈과 청지기직에 대한 성숙하지 못한 인식은 특히 돈을 개인의 행복을 위해 사유화하는 데 집중하게 만들었다. 그 결과 많은 그리스도인들이 일중독과 빚에 빠져 헤어 나오지 못하고 있다. 교회에서도 돈은 주로 교회에 헌금하고 기부하는 데 쓰는 것이라고 생각하지, 보다 크고 넓은 차원의 청지기직 일과 관련해서 사용되어야 한다고 여기지 않는다.

7) 신앙과 도덕을 사유화한 계몽주의적 현대성(modernity) 때문이다.

서방 교회의 선교 전선이 초대 교회에 대한 강력한 적대감으로 인해 로마제국으로 이동하면서, 18세기까지 유럽 기독교국에 머물러 있던 선교 전선이 계몽주의적 현대로 이동하였다. 현대(modernity)는 신앙과 도덕을 사유화하는 특성을 지닌다. 이는 기독교를 집안에 틀어박힌 종교로 만들었고, 회의실과 투표함에서 기독교를 추방하였다. 공공으로 일하는 것이 삶을 지배하고 있는 현실과 개인과 종교가 삶의 지배하는 가치 사이의 현대 계몽주의적 간격(gap)은 많은 서양인들을 덫에 걸리게 했다. 그리고 이로 인해 가족 이기주의에 가치를 둔 상태에서 교회가 발전하였다. 과학과 경제 혹은 유니테리안적 개인주의가 주중의 일을 지배하고, 심리 치료적 혹은 종교적 개인주의가 주일을 지배하게 되었으며, 여성의 '관계적 가치'와 남성의 '경쟁적 가치'가 일요일과 월요일을 각각 지배하게 되었다.

8) 산업의 발달로 일터와 집/교회 사이에 간격이 벌어졌기 때문이다.

공공 영역과 개인 영역의 사이, 일과 집 사이의 간격은 산업의 발달로 악화되었으며, 급성장한 도시/변두리 사회는 공간적으로 일과 집/교회를 분리시켰다. 산업혁명 이전에는 일터와 집/교회는 한마을에 있었다. 그러나 19세기로의 전환기에 도시 사회로의 이동은 일과 집/교회가 분리되는 시각의 변화를 만들었다. 일터는 도시, 집과 교회는 변두리, 이 양극화의 현상 속에서 전도가 여성적/자연적/감정적인 '가족의 세계'와 남성의 남성적/이성적/도시적인 '일의 세계' 사이에서 그 기능적, 물리적으로 분리되는 것은 필연적이었다.

게다가 유급 여성근로자들이 급속하게 늘어나면서 교회의 자원봉사 노동력이 급감하였다. 여성이 남성보다 본질적으로 더 종교적이지 않다는 사실이 드러났다. 또한 전일제로 일하는 여성이 그만큼 일하지 않는 여성보다 교회 출석률이 떨어지게 되었고, 다라서 남편들도 교회 출석률이 더 줄어들게 되었다.

9) 계몽주의적인 산업혁명과 급속한 도시화가 가져온 분할 대 통합 때문이다.

분할 대 통합: 계몽주의적인 산업혁명과 급속한 도시화는 교회를 개인적 영역인 집과 어울리게 하면서[14] 일과 집이라는 두 상자 속에서 살아가는 '분할과 구획화'라는 당대의 일 패턴의 사회학적이며 구조적인 지배의 원인이 되었다. 일터와 집의 분할은 특별히 일터가 훼방 놓지 않으면 딱히 나쁜 것은 아니지만, 분할이 우리의 신앙과 일을 통합하고 신앙을 자연스럽게 나누는 것을 어렵게 하는 경우도 있다. 그래서 우리는 배우자와 직장 동료 그리고 교회 공동체 내에서 이 문제를 해결할 때까지 생각해 볼 필요가 있다.

10) 계몽주의의 사생활 중심주의 영향으로 형성된 서구식 전도의 영향 때문이다.

계몽주의의 사생활 중심주의 영향으로 형성된 서구식 전도로 인해 일을 '말로 전도하거나 선포하는 것을 목적으로 하는 도구 혹은 수단'으로 보는 매우 편협한 일신론적 시각을 갖게 되었다. 이는 우월한 위치에서 복음을 증거하려 했던 많은 사람들에게 견딜 수 없는 양심의 부담을 주었다. 그리고 이것은 9·11 이후의 다원화 세계에서 더욱 큰 문제가 되었다. '9·11 이후의 텐트메이킹'이란 《타임》지 기사에서 다루어졌듯이, 서구식 전도는 많은 질문을 불러일으켰으며 텐트메이커들과 비즈니스 선교사들에게 많은 문제를 제공했다.[15]

3. 긍정적 변화들

그러나 위와 같은 문제에도 불구하고 감사한 것은 교회와 비즈니스 사이의 적대감이 사라지고 있다는 것이다. 일부이기는 하나 소수의 영향력 있는 교회가 이 사역을 교회의 사역으로 전략적으로 인정하고 있으며, 적극적으로 이 사역에 박차를 가하고 있다. 그 대표적인 미국의 교회들은 다음과 같다. 『목적이 이끄는 삶』의 저자인 릭 워렌이 담임 목사로 있는 새들백커뮤니티교회(캘리포니아, 레이크 포레스트)와 빌 하이빌스 목사가 개척한 윌로우크릭교회(일리노이, 사우스 배링턴), 버나드 목사가 시무하는 그리스도인문화센터(뉴욕, 브루클린), 그리고 캘리포니아에 소재하지만 북-남미에서 중요한 일터사역을 감당하는 Harvest Evangelism, San(산호세) 등의 교회들을 중심으로 미국 내의 많은 대표적인 교회 내에서는 '일터사역부'가 활발하게 운영되고 있다.

한국의 경우도 일터사역에 대한 교회들의 관심이 깊어지고 있는데 이러한 현상은 하나님의 선교적 차원에서 참으로 다행스러운 현상이 아닐 수 없다. 일부 교회들이 교회 내에 일터사역부를 만들어 일터사역자들을 초청하여 세미나를 정기적으로 개최하는 경우도 있고, 일터사역 대학 혹은 일터사역 스쿨을 운영하기도 한다. 또는 일터사역자들을 재정적으로 후원하기도 하고, 교회가 일터에 전군사역자를 파송하기도 한다. 뿐만 아니라, 일터사역자를 개척하여 일터사역을 시작하는 교회도 있고, 선교지에 BAM 사역을 론칭하고, 재정적, 사역적 후원을 아끼지 않는 교회도 있다.

로버트 프레이저는 목회자들과 교회 지드자들이 일터와 친근해질 수 있는 3가지 방법을 제시한다.[16]

① 일터 그리스도인이 교회 사역과 프로그램을 위하여 돈과 시간을 드리는 것에 대해서만 격려하지 말고, 일터 그리스도인들을 공식 석상에서 인정하고 그들에게 의미 있는 가치를 부여하라. 그들에게 하나님이 그들의 일터에서 하고 계신 것들을 물어보라. 그들에게 하나님이 그들의 일터 현장에서 하신 것을 정기적으로 공개 간증할 기회를 가지게 하라.

② 일터 그리스도인들을 공공연히 축복하라.

③ 일터 그리스도인들을 위한 기도모임을 시작하라.

또한 로버트 프레이저는 교회와 사업계 지도자들은 서로를 재발견해야 한다고 주장한다.

"교회와 사업계 지도자들은 서로를 재발견해야 한다. 그들은 친밀한 관계로 인한 공동 유익에 눈이 열려야 하고, 일터와 성전에서 하나님 나라가 이루어지도록 함께 일하기 시작해야 한다. 그렇게 되면, 교회를 변화시키고 세상을 뒤집어 놓을 수 있는 비전과 잘 관리된 성장이 폭발적으로 일어나게 될 것이다."[17]

하나님의 선교인 일터사역의 등장으로 이 사역이 세계적으로 '일터 안에서'와 '일터를 통해서' 강력하게 이루어지고 있다. 찰스 벤 엔겐(Charles Van Engen)이 주장하듯이 '21세기의 주요 선교 영역이 될 일터(The commercial business marketplace)'와 교회는 부분적으로 진행되고 있는 일터 사역을 점차 거대한 운동으로 성장시키는 일에 서로가 하나 되어 노력하고 있다.

1) Marc Gunther, "God & Business", Fortune, July 9. 2001, p. 60.

2) 피트 해먼드/폴 스티븐스 & 코드 스바노, *The Marketplace Anointed Bibliography: A Christian Guide to Books on Work, Business and Vocation*(Downers Grove, Ill: InterVarsity Press, 2002). pp. 25–26.

3) 로버트 프레이저, 『마켓플레이스 크리스천』, 장도희 역(서울: 순전한나드, 2007), p. 29.

4) 피트 해먼드/폴 스티븐스 & 코드 스바노, *The Marketplace Anointed Bibliography: A Christian Guide to Books on Work, Business and Vocation*(Downers Grove, Ill: InterVarsity Press, 2002). p. 15.

5) Doug Sherman and William Hendricks, *Thank God It's Monday radid program*(Grand Rapids, MI: Discovery House Publishers, 2000). 〈오스 힐먼, 『일터사역』, 조계광 역(서울: 생명의말씀사, 2007), p. 113에서 재인용〉.

6) 오스 힐먼, 『일터사역』, 조계광 역(서울: 생명의말씀사, 2007), p. 7.

7) 로버트 프레이저, 『마켓플레이스 크리스천』, 장도희 역(서울: 순전한나드, 2007), p. 22.

8) 위의 책. p. 29.

9) Bill Hybels. *Christians in the Marketplace*. p. 7.

10) 로잔 Marketplace Ministry 보고서. p. 19.

11) 위의 보고서. p. 20.

12) Anne Powthorn, *The Liberation of the Leity*(Morehouse–Barlow: 1986).

13) David Kelsey. *Between Athens and Berlin: The Theological Education Debate*(Grand Rapids: Wm. B. Eerfmans, 1993).

14) Christena Nippert & Eng. *Home & Work: Negotiating Boundaries through Everyday Life*(Chicago: University of Chicago Press, 1996), xi.

15) David van Biema, 'Christians under Cover', Time, June 30, 2003: 49–56.

16) 로버트 프레이저, 『마켓플레이스 크리스천』, 장도희 역(서울: 순전한나드, 2007), pp. 82–83.

17) 위의 책. p. 83.

（5）

일터 그리스도인

평균적으로 북미 그리스도인이 평생 일터에서 보내는 시간은 88,000시간이고,
농부나 전문직 종사자는 그 이상이라고 한다.
그런데 어떤 통계에 따르면, 과거 30년 동안 여가 시간이 50% 이상 줄어
한 달에 13시간밖에 되지 않는다고 하니 일하는 시간이 더 늘고 있는 셈이다.
동시에 동일한 신자들이 교회 건물에서 교회 관련 활동에 보내는 시간은
4,000시간 이하라고 한다.
앞으로 재량껏 쓸 수 있는 시간이 조금씩 줄어든다면,
초대교회 당시 하루 18시간씩 일하던 노예들이 주로 복음을 전하던 상황으로
되돌아갈지도 모르겠다.[1)]

북미인들이 평생 일터에서 88,000시간을 보낸다면, 그보다 훨씬 더 많은 시간을 일터에 있어야만 하는 한국인들은 평생 일터에서 100,000시간 이상을 보낼 것이라는 추산은 지극히 당연한 것이다. 깨어 있는 대부분의 시간을 일터에서 보내는 일터 그리스도인에게 가장 중요한 것 중 하나는 '일상과 믿음을 통합시키는 것'이다.

> "유대인 남성에게는 목요일 아침의 활동이나 안식일 아침의 회당에서의 활동이 모두 동일한 예배의 표현이었다. 성경의 그 어떤 부분도 그리스도인의 삶이 성스러운 것과 세속적인 것으로 구분될 수 있다고 말하지 않는다. 성경은 오히려 우리의 일을 포함한 삶은 모든 활동이 하나님을 향한 온전한 섬김의 삶이 되어야 한다고 말한다."[2]

만약 일상과 믿음의 통합을 이루지 못한다면, 결국 '일과 믿음'의 통합을 이루지 못하게 된다. 이렇게 되면 일상과 신앙이 구별되고, 일과 사역이 분리되어 일터의 그리스도인들은 성–속의 간격과 일–사역의 구별 속에서 영적 분별력을 상실할 뿐만 아니라, 자신을 향한 하나님의 소명에 무관심한 채 살게 된다.

로버트 뱅크스는 자신의 책 『일상생활 속의 그리스도인』(*Redeeming the Routines*)'에서 그리스도인의 '일상생활과 믿음 사이의 간격' 10가지를 정리하고 있다.[3]

① 믿음을 일 또는 실업에 적용하거나 적용하는 방법을 아는 사람은 별로 없다.
② 우리는 신앙과 여과 활동을 아주 조금만 연결시킨다.

③ 우리는 정규적인 활동을 기독교적으로 접근해야 한다는 의식이 거의 없다.

④ 일상생활에 대한 우리의 태도는 부분적으로 우리 사회의 지배적인 가치관에 따라 형성된다.

⑤ 우리가 겪는 영적 어려움들 가운데 대부분은 우리가 경험하는 매일의 압력에서 기인한다.

⑥ 교회는 우리가 일상생활에서 부딪히는 문제들에 거의 관심을 갖지 않는다.

⑦ 전문 신학자들은 아주 가끔씩만 일상적인 활동을 다룬다.

⑧ 일상생활의 문제를 다룰 때, 너무 이론적으로 접근하는 경향이 있다.

⑨ 오직 소수의 그리스도인들만이 종교 서적을 읽거나 신학 강좌를 듣는다.

⑩ 대부분의 교인들은 자신의 믿음과 생활 방식 사이에 간격이 있다는 것을 부인한다.

1. 일터사역에 헌신하기 위해 필요한 9가지

1) 성경을 읽고, 믿어야 한다.

"성경을 계속 읽음으로 우리의 생각과 마음이 성경으로 흠뻑 젖어 여기저기서 하나님의 임재와 역사를 경험할 수 있다. 우리가 세상에서 영위하는 삶에 비추어 성경을 읽을 때 여러 새로운 점을 발견하게 된다… 하나님은 성막과 성전과 교회에서만이 아니라 일터, 삶터에서도 자신을 계시하신다. 성경은 장터에서 정의와 믿음에 입각하여 그리고 지혜롭게 사는 법을 보여 준다."[4]

그리스도인에게 성경을 읽으라는 말은 학생에게 공부하라는 말처럼 너무 당연해서 굳이 말할 필요가 없다. 그러나 학생이 학교에 가서 공부한다고 해서 학교에서 배운 내용을 다 생활화하지 못하듯이, 그리스도인이 성경을 읽는다고 해서 그 내용을 다 생활화하는 것은 아니다. 학생들은 수업 시간에 휴지나 쓰레기를 길거리에 버리지 말라는 일상교육을 수없이 받았음에도 불구하고, 하교 시간에 문방구에서 산 학용품의 포장지라든지, 음식 쓰레기 혹은 껌종이를 버리는 학생들이 적지 않다. 물론 담배꽁초를 거리에 버리지 말라는 정보어 세뇌를 당했을 텐데도 무개념으로 꽁초를 길거리에 버리고, 또 운전하면서 차창 밖으로 담배꽁초며 쓰레기를 버리는 어른들을 생각하면 학생들에게 충고할 권위가 없는 것도 사실이다.

이처럼 그리스도인 중에서도 성경을 읽어 그 내용을 숙지하는 것과, 일상을 성경적 원칙으로 사는 것이 별개인 그리스도인이 적지 않다. 일터의 그리스도인들이 성경을 읽고 또 읽고 그 내용들을 마음에 깊이 새기지 않는다면, 일터의 관행과 나름의 원칙, 그리고 자신의 경험과 직관에 지배당하기 때문에 성경을 읽으면서도, 성경적 원칙이 아닌 일터의 비영적 원칙에 순응하게 된다. 성경적 원칙에 철저할 때에만이 우리는 일터에서 해야 할 일과 해서는 안 되는 일을 분명하게 분별할 수 있게 된다. 폴 스티븐스는 다음과 같이 일의 원칙 네 가지를 제시한다.[5]

① 하나님의 명령에 따른 일이어야 한다(창 1:28; 2:15).
② 하나님의 목적에 꼭 들어맞는 일이어야 한다.

③ 하나님의 방식대로 덕스럽게 수행되는 일이어야 한다.

④ 영구적인 가치를 지닌 일이어야 한다(고전 3:10-15).

일상과 일터 등 어떠한 상황 속에서도 일터 그리스도인들에게는 성경만이 원칙이어야 한다. 이 때문에 일터 그리스도인들은 비둘기처럼 순결하고 뱀처럼 지혜로워야 한다(마 10:16). 성경은 하나님의 거룩한 말씀이며, 복음은 비즈니스를 포함한 일상의 24/7(일주 24시간) 삶에서 적용되어야 하며, 우리의 모든 일들은 복음과 일치하는 성경적 원칙에 따라 관리되어야 한다. 모든 그리스도인들에게 성경은 인생의 유일한 매뉴얼이며, 일터 그리스도인들에게 성경은 모든 업무와 방법에 있어 가장 완벽한 매뉴얼이다.

2) 일에 대한 성경적 믿음이 확고해야 한다.

"그리스도인들은 일의 대가로 받는 금전적인 액수와 상관없이, 자신의 재능과 능력을 청지기 정신으로 사용하고 있는지에 대해 하나님과 사람 앞에 책임을 져야 한다."_데니스 바케[6]

마태복음 25장 14-30절의 달란트 비유 말씀에 따라 주인이신 하나님은 우리에게 위임하신 일을 반드시 평가하시는 분이시다. 그 결과에 따라, 착하고 충성된 종은 주인의 즐거움에 참여하게 되고(마 25:21, 23), 무익한 종은 바깥 어두운 데로 내쫓기고 거기서 슬피 울며 이를 갈게 될 것이다(마 25:30). 이 때문에 일터의 그리스도인들은 자신의 일이 반드시 하나님께 평가받는 사실을 명심해야 하며, 하나님과 사람 앞에 자신의 청지기직에 대한 충성을 다해야 한다.

또 일은 인간의 타락 이전의 하나님께서 제정하신 것이며(창 1:26-28), 타락 이후에 일은 하나님의 백성들을 구속하는 사역이다. 일은 본질적으로 선하며, 가치 있고, 사역과 선교의 형태이자 수단이다. 우리는 우리의 소명을 통하여 인류를 하나님과 화해시키고 세상을 구속하는 일에 돕는 자로 하나님께 허락받은 하나님의 동역자이다.

3) 하나님 말씀에 대한 순종이 필요하다.

하나님은 다양한 방법과 통로를 통하여 그리스도인들에게 말씀하신다. 이 말씀은 우리 인생의 과정과, 성경과 세상, 그리고 일에 대한 시각, 교회, 청지기직, 순종 그리고 우리가 일생을 통해 감당할 일생의 사역에 관한 것들이다. 이 말씀을 듣고 순종한다면, 그리스도의 부르심을 이 땅에서 행하는 것이며, 그리스도께서 우리 각자에게 원하시는 '십자가를 지고 그리스도를' 따르는 영적 여행이 진행되는 것이다. 다음은 모든 그리스도인들에게 부여된 하나님의 명령이다.

(1) 문화 혹은 청지기 위임

"하나님이 자기 형상 곧 하나님의 형상대로 사람을 창조하시되 남자와 여자를 창조하시고 하나님이 그들에게 복을 주시며 하나님이 그들에게 이르시되 생육하고 번성하여 땅에 충만하라, 땅을 정복하라, 바다의 물고기와 하늘의 새와 땅에 움직이는 모든 생물을 다스리라 하시니라"(창 1:27-28).

프란시스 나이젤 리(Francis Nigel Lee)는 창세기 1장 28절의 문화명령을 다음과 같이 정리한다.

① 사람이 세상을 지배하고 땅을 정복하는 것을 의미한다. 말 그대로 만물을 복종시킴으로, 피조계에 대한 인간의 권위를 세우는 것을 의미한다.

② 사람이 바다의 물고기를 다스려야 함을 의미한다. 이는 단지 물고기를 잡는 것만이 하나님의 영광을 위하는 것이 아니라, 바다 속을 개발하고 물고기를 가공하고 매매하는 등의 모든 일들이 하나님의 영광을 위해서라는 것이다.

③ 사람이 육축과 온 땅과 땅에 기는 모든 것들을 지배해야 함을 뜻한다.

④ 아담이 본래의 의미에 따라 모든 동물의 이름을 지었듯이, 이 모든 활동이 조직적이고 체계적으로 수행되어야 함을 의미한다.

⑤ 하나님의 피조 세계를 조화롭게 개발해야 함을 의미한다. 이는 조경, 윤작, 생태학적 농촌 계획, 도시 계획, 교통 문제 등도 포함됨을 의미한다.

⑥ (에덴) 동산을 지키고 수호하는 일은 환경을 정비하는 일을 포함한다. 죄가 세상에 들어온 후 세균과 같은 오염과 싸우고, 하수 시설을 정비하며, 죄와 그 결과에 대해서도 지배권을 행사해야 한다.

⑦ 사람이 공중의 모든 새를 지배해야 함을 의미한다. 이는 공중 전체를 지배하는 것을 뜻한다.[7]

(2) 대계명

"예수께서 이르시되 네 마음을 다하고 목숨을 다하고 뜻을 다하여 주

너의 하나님을 사랑하라 하셨으니 이것이 크고 첫째 되는 계명이요 둘
째도 그와 같으니 네 이웃을 네 자신 같이 사랑하라 하셨으니 이 두 계
명이 온 율법과 선지자의 강령이니라"(마 22:37-40).

(3) 전적이며, 총체적 헌신(마 25:31-46)

예수께서는 모든 그리스도인의 총체적인 헌신을 강력하게 명하신다.
그러나 이것이 사람들로 하여금 교회에 대해 거부감을 가지게 한다. 이
와 관련하여 조지 헌터 3세(George Hunter III)는 현재의 기독교가 가지
고 있는 감정적인 경계(사람들이 기독교에 대해 감정적으로 느끼는 거부감) 네 가
지를 들었다.

① 이미지 경계(Image Barrier): 기독교에 대한 부정적인 생각이 교회 외
   부인들이 기독교 신앙을 가지게 하는 데 장애가 되는데 그중에 첫
   째는 기독교는 진실하지 않다는 것과 둘째는 기독교는 세속인들의
   삶, 지역, 세상의 관심에 무관하다는 것이다. 교회 외부인들이 이렇
   게 생각한다는 것이다.
② 문화적 경계(Cultural Barrier): 기독교는 지루하다는 것이다. 교회 외
   부인들이 교회를 방문할 때 느끼는 것은 자신들이 교회문화에 대해
   이방인이라는 것이다(바울시대의 할례문제를 상상해 보라).
③ 복음의 경계(Gospel Barrier): 예수께서는 단순 간결하면서도 심오한
   진리를 전해 주셨는데, 복음서를 해석한 서신서의 용어들은 세속
   인들에게 너무 낯설고, 게다가 강단의 목회자들은 이것을 더 어렵
   게 설명한다는 것이다.
④ 전적인 헌신의 경계(The Total Commitment Barrier): 처음 믿을 때는
   기독교에 어떤 유익이 있음을 알았지만, 신앙이 깊어질수록 전적으

로 헌신하게 되어, 결국 자기의 모든 것을 내어 놓게 되는 것에 대
한 거부감이 있다는 것이다.[8]

그러나 다시 강조하지만 그리스도를 따르는 제자는 언제, 어느 곳에
서든지 늘 깨어 있어서 하나님 앞에서 전적이며 총체적으로 헌신해야 한
다. 세상 사람들은 전적이며 총체적인 헌신에 대한 거부감과 두려움 때
문에 그리스도의 제자가 되기를 거부하지만, 모든 그리스도인들에게 전
적이며 총체적인 헌신은 예수님의 준엄한 명령이다. 그리고 그 명령에는
심판이 따른다.

"인자가 자기 영광으로 모든 천사와 함께 올 때에 자기 영광의 보좌에
앉으리니 모든 민족을 그 앞에 모으고 각각 구분하기를 목자가 양과 염
소를 구분하는 것 같이 하여 양은 그 오른편에 염소는 왼편에 두리라
그 때에 임금이 그 오른편에 있는 자들에게 이르시되 내 아버지께 복
받을 자들이여 나아와 창세로부터 너희를 위하여 예비된 나라를 상속
받으라 내가 주릴 때에 너희가 먹을 것을 주었고 목마를 때에 마시게
하였고 나그네 되었을 때에 영접하였고 헐벗었을 때에 옷을 입혔고 병
들었을 때에 돌보았고 옥에 갇혔을 때에 와서 보았느니라 이에 의인들
이 대답하여 이르되 주여 우리가 어느 때에 주께서 주리신 것을 보고
음식을 대접하였으며 목마르신 것을 보고 마시게 하였나이까 어느 때
에 나그네 되신 것을 보고 영접하였으며 헐벗으신 것을 보고 옷 입혔나
이까 어느 때에 병드신 것이나 옥에 갇히신 것을 보고 가서 뵈었나이까
하리니 임금이 대답하여 이르시되 내가 진실로 너희에게 이르노니 너
희가 여기 내 형제 중에 지극히 작은 자 하나에게 한 것이 곧 내게 한
것이니라 하시고 또 왼편에 있는 자들에게 이르시되 저주를 받은 자들

아 나를 떠나 마귀와 그 사자들을 위하여 예비된 영원한 불에 들어가
라 내가 주릴 때에 너희가 먹을 것을 주지 아니하였고 목마를 때에 마
시게 하지 아니하였고 나그네 되었을 때에 영접하지 아니하였고 헐벗
었을 때에 옷 입히지 아니하였고 병들었을 때와 옥에 갇혔을 때에 돌
보지 아니하였느니라 하시니 그들도 대답하여 이르되 주여 우리가 어
느 때에 주께서 주리신 것이나 목마르신 것이나 나그네 되신 것이나 헐
벗으신 것이나 병드신 것이나 옥에 갇히신 것을 보고 공양하지 아니하
더이까 이에 임금이 대답하여 이르시되 내가 진실로 너희에게 이르노
니 이 지극히 작은 자 하나에게 하지 아니한 것이 곧 내게 하지 아니
한 것이니라 하시리니 그들은 영벌에, 의인들은 영생에 들어가리라 하
시니라"(마 25:31-46).

(4) 대사명(마 28:18-20; 행 1:8; 눅 24:47-48; 요 15:26-27; 사 49:6)

"예수께서 나아와 말씀하여 이르시되 하늘과 땅의 모든 권세를 내게
주셨으니 그러므로 너희는 가서 모든 민족을 제자로 삼아 아버지와 아
들과 성령의 이름으로 세례를 베풀고 내가 너희에게 분부한 모든 것을
가르쳐 지키게 하라 볼지어다 내가 세상 끝날까지 너희와 항상 함께 있
으리라 하시니라"(마 28:18-20).

4) 소명을 발견해야 한다.

"소명이란,
주께서 내게 주신 재능을 사용해서
그분의 계획에 따라 영원히

의미 있는 방법으로 일하라고 부르시는
하나님의 개인적인 초청이다."[9] _존 맥스웰(John C. Maxwell)

자신의 일터에서 소명을 발견하는 것은 매주 중요하다. 오늘날 기독교인들은 신앙생활 가운데 헬라철학의 영향과 세속화로 인해 잘못된 이분법적 사고를 가지고 소명과 비전에 대하여 왜곡된 생각을 가지고 있다. 특별히 교회와 세상, 목회자와 평신도, 주중 6일과 주일, 교회생활과 직장생활, 주일학교와 공교육 등등…. 그 결과 세상 가운데 빛과 소금으로서의 영향력, 하나님의 창조사역에 동참하도록 부르신 동역자로서의 일상과 직업, 하나님의 능력을 흘려보내기 위한 경제활동과 일상은 그 힘을 상실하였다. 로버트 프레이저에 따르면, 더욱이 교회 안에서 가지는 소명의식의 오해는 모든 그리스도인들 중 3% 정도만 전임 사역자로 부름을 받았고 97%는 자신의 삶의 일터사역자로서 그들 일을 통해 천직으로 하나님 나라를 이루는 것임에도, 하나님으로부터 부르신 소명은 오직 소수의 전임 사역자들만의 것인 양 인식되어 오고, 대부분의 크리스천들은 헌금을 통해 재정적으로 돕는 것으로만 이해되어 버렸다는 것이다.[10]

"사람들이 자기 직업에 대해 소명감을 갖고 천직으로 여기면 그의 내면은 크게 변한다. 자신의 직업에 강한 소명을 느낄 때, 이는 신앙과 사회활동 간의 교량 역할을 한다. 소명감이 생긴 자는 행동과 직장생활에서 드러난다. 그러나 소명의식이 직업의식으로 바뀌면 사람의 개인적인 삶(주일)과 공적인 삶(월요일부터 금요일까지) 사이에 연결고리가 약해진다. 따라서 직업은 거룩한 사명이라기보다는 개성의 표현이며, 부르심에 대한 순종이라기보다는 개인적인 성취 수단이다. 그리고 사회적인 변화라기보다는 개인적인 충족감이다."_로버트 뱅크스[11]

결과적으로 그리스도인은 그리스도인으로서의 영향력을 상실하게 되었다. 오늘날 대부분 교회가 사역으로 인정한 일만이 영적인 일이라고 생각해서 그것에 더 많은 헌신을 요구하고 있고 -교사로서, 중직자로서 교회 프로그램을 위해 일하는 것이 영적이며- 일터와 직업을 가지고 세상에서 하는 일은 영적인 목적과 전혀 관계없는 것으로 여기고 있다. 교회에서 기도하는 일은 영적이지만, 설거지하고 시장을 보는 주부의 일, 거래처 사람들을 만나고, 물건을 파는 일은 영적인 일이라고 생각지 않는 오해를 가져오게 된 것이다. 그리고 때로는 교회봉사를 하지 못하는 것 때문에 죄책감을 가지기까지 한다. 그 어떤 직업도 영적이지 않은 직업이 없으며, 그 어떤 일도 영적이지 않은 일이 없다.

우리는 우리의 일상 가운데 부름을 받은 자이다. 히브리적 사고로 볼 때 일과 놀이와 예배의 어원이 같다는 것은 으리가 세상에서 하나님의 백성으로, 하나님의 창조적인 동역자로서의 소명과 비전의 본래적 의미를 다시금 되새기게 한다. 성경은 우리의 일상의 자리, 그 환경과 그 일터와 그 관계 가운데 하나님과 동행하는 것, 그리고 그 속에서 하나님의 창조사역에 동참하는 것, 하나님의 나라를 확장하는 것으로 부름을 받았다. 교회만이 영적인 자리가 아니다. 또 비영적 시스템의 직장과 관계 가운데 눌려서 지내는 것 역시 하나님의 뜻이 아니다. 하나님께서는 지금 거하는 그 자리, 그 환경에서 거룩한 하나님의 일하심의 통로로 우리를 부르셨다. 이것이 소명이다.

이를 아는 것이 비전을 본 자이다. 만일 이러한 영적 목적과 삶의 의식을 상실했다면 눌려 있는 것이다. 비전과 묵시를 상실한 것이다. 하나님은 우리의 모든 삶의 영역에서의 하나님이시다. 우리가 교회이며, 또한 우리의 삶의 일상과 일과 여가(놀이), 7일의 모든 삶이 예배이다. 모든 장소, 모든 시간, 모든 만남에서, 우리를 향하신 하나님 목적과 하나님 나라의 비전을 가지고 그분을 전심으로 찾고 하나님께 영광 돌리는 부름에 응답하는 삶을 살아야 한다.

5) 자신의 일과 신앙을 통합해야만 한다.

일터의 그리스도인에서 일은 곧 예배의 행위이며, 일터는 하나님이 역사하는 처소이며. 이 일에 적극적으로 동참하고 헌신하는 것이야말로 모든 일터의 그리스도인에게 주신 하나님의 소명을 이루는 일이라는 확신과 이를 신앙으로 승화시키는 노력이 필요하다. 일과 신앙의 통합을 위해 일터의 시각에서 성경 읽기와 일터사역 관련 세미나에 참석하기, 관련된 책과 CD를 이용하기, 또는 일터사역 단체에 속하여 배움과 활동을 병행하기[12] 등이 필요하다. 또한 일터사역 경험이 풍부하며 인격적, 영적으로 성숙한 멘토를 애써 찾아 만나는 것이 이 중 가장 중요할 수 있다.

모든 그리스도인들에게는 두 가지 사명이 있는데, 첫째는 "우리의 재능과 에너지를 잘 활용하고 이 땅의 자원을 잘 관리하여 자신과 다른 사람들의 필요를 충족시켜 주는 청지기 같은 삶을 사는 것"이고 둘째는 "전 세계 모든 사람들에게 예수님의 복음을 전해야 하는 것"이다. "성경은 우리가 이 두 부분에 똑같은 시간과 에너지를 투자하지 않을지라도 두 부분에 똑같은 부름을 받았다."라고[13] 데니스 바케는 주장하는데, 그는 신앙과 일을 통합하는 데 있어 마음에 간직해야 할 4가지 교훈을 제시한다.[14]

① 오늘날 교회에서는 복음을 전하라는 예수님의 지상명령을 청지기로서의 사명보다 더 우위에 두지만 하나님이 그렇게 말씀하신 증거는 없다.

② 우리가 예수 그리스도를 통해 하나님과 관계를 맺는 것보다 중요한 것은 없다. 목회자나 영적 지도자들이 이 세상을 향한 하나님의 계획에 중요한 역할을 하는 것은 분명하다. 그렇다고 해서 그들이 농부, 사업가, 건축업자, 공무원, 정치인, 예술가, 교사, 근로자들보다 더 중요하지는 않다.

③ 세속적인 조직으로의 부르심이 교회나 선교회, 그리스도인 기관으로의 부르심보다 더 난 것도 아니고 못한 것도 아니다. 우리들의 직업과 특별한 재능에 상관없이 하나님은 우리가 모든 환경에서 하나님의 일을 위해 일하도록 부르셨다. 더군다나 복음 전파가 자신의 부르심의 우선순위라면 교회나 그리스도인 조직보다는 세속적인 조직에서 일하는 것이 오히려 복음 전파에도 큰 도움이 될 수 있다.

④ 우리가 하는 일을 하나님을 위한 사명으로 본다면 일에 대한 우리의 태도는 긍정적인 방향으로 놀랍게 변화될 것이다.

6) 일터 그리스도인은 만인제사장 교리를 확실히 믿어야 한다.

"종교개혁자 마르틴 루터는 1520년에 그의 저서『독일 그리스도인 귀족들에게 고함』에서 영적 기독교인과 세속적인 기독교인으로 나누었던 중세의 교회 방식을 비판하였다. 종교개혁 당시 로마 가톨릭에서는 성직자가 하는 일은 성직으로, 신자가 하는 일은 세속적인 일로 구분하고, 산상설교 등의 기독교 윤리는 성직자에게만 허당된다는 이분법을 갖고 있었는데, 종교개혁자들은 모든 기독교인들은 제사장이므로 그가 성직자이든, 신자이든 하나님의 부르심에 따라 성직에 종사하고 있으며, 기독교 윤리도 모든 기독교 신자들에게 해당된다고 논박하였다. 즉, 하나님의 일은 성직자가 하는 일인 설교, 성례존, 예배 집례 등의 목회만

뜻하는 것이 아니라, 신자가 종사하는 직업도 뜻하는 것이다.

만인제사장설의 근거로 자주 사용되는 성경구절은 베드로전서 2장 9절, 요한계시록 5장 10절이다. 루터는 위의 성구들을 근거로 하나님의 눈에 기독교인들이 모두 제사장이었다고 주장하였다. 3개월 뒤에 루터는 '교회의 바빌론 유배에 대하여'를 쓰면서 이를 다시 강조하였다. 이 밖에 찾을 수 있는 다른 성구로는 출애굽기 19장 5-6절, 베드로전서 2장 4-8절, 요한계시록 1장 4-6절, 5장 6-10절 등이 있다. 『위키백과』

일터사역은 만인제사장적 가치관을 토대로 하는 사역이다. 일터사역은 교역자에게만 사역이 집중되고, 평신도는 교회 안에서 방관자, 혹은 교역자의 설교를 듣는 청중 역할에만 머무르는 현상을 극복해야 활성화될 수 있다.

일터사역(BAM 사역 포함)의 패러다임은 하나님의 일을 행함에 있어 하나님께서 일을 기쁘게 받아 주시는 영적 우선순위의 계층이 교역자라는, 영적 계층화의 논리를 배격한다. 교역자가 하는 일을 하나님께서 맨 먼저 받으시고 평신도 사역을 그 다음 순위로 받으신다는 논리는 성경 어디에도 없다. 그리고 이러한 영적 계층화적 사고는 전혀 성경적이지도 않다.

7) 일터 그리스도인은 '성-속 이분론'과 '거짓 위계질서'를 거부해야 한다.

"우리가 날마다 행하는 세속적인 일이 영적으로 열등하다는 생각은 나사렛에서 목수로 일하셨던 예수님께 초점을 맞추면 결국 무너지고 만다. '목수'는 건축업에 종사하는 사람이다.…예수께서는 자신과 가족의 생계를 위해 자신이 만든 제품이나 서비스를 파셨을 것이다. 그리고 그것을 산 사람들 중에 많은 사람은 유대인이 아니었을 수도 있다. 말하

자면 예수님은 오늘날 교회에서 세속적인 일이라 부르는 일을 하신 것
이다."_하워드 버트(Howard Butt)[15]

모든 그리스도인들은 하나님의 동역자들이며, 서로가 그리스도의 몸
을 이루어 하나님의 선교에 동참해야 하는 것이 하나님의 뜻이다. 그러
나 불행하게도 교회사의 오랜 세월 동안 우리는 잘못된 위계질서 속에
서 살아왔다. 모두가 그리스도의 한 몸을 이루는 지체들이며, 그리스도
의 몸 안에서 모두가 평등하며, 누구라도 자신의 자리와 위치에서 하나
님의 선교에 동참할 수 있어야 했는데, 소위 선택받은 극소수만이 하나
님의 선교에 임하고, 그 일이 가장 가치 있고, 위대한 일이라 생각해 왔
다. 이로 인해 선교에 직접 동참하지 못하는 세속적 직업에 속한 일터의
그리스도인들은 하나님의 선교와 관련해서 늘 소외되고, 이류라는 인식
속에 갇혀 있었다. 이는 성경 그 어디에도 근거가 없으며, 본질적으로는
성경과 반대되는 사상이다.

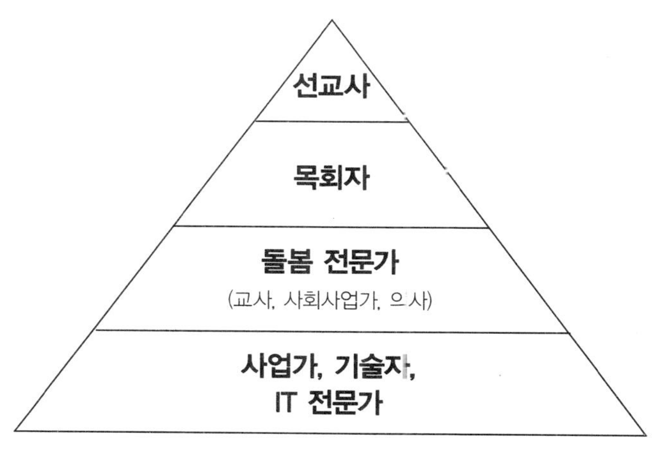

그림 2 거짓 위계질서[13]

오늘날 교회는 '그림 3'의 왼쪽 그림에서 보듯이,[17] 하나님의 백성이 성직자(목회자-선교사)와 평신도로 나누어져 있다. 그러나 신약 성경을 보면 하나님의 백성은 하나라고 나와 있다. 목회자는 단지 하나님의 백성 중에서 하나님의 백성을 섬기는 사람일 뿐이다. "그가 어떤 사람은 사도로, 어떤 사람은 선지자로, 어떤 사람은 복음 전하는 자로, 어떤 사람은 목사와 교사로 삼으셨으니 이는 성도를 온전하게 하여 봉사의 일을 하게 하며 그리스도의 몸을 세우려 하심이라"(엡 4:11-12). 그리고 "하나님의 백성은 유대인과 이방인, 남과 여, 부자와 가난한 자들이 하나님의 부르심을 받아 다 한 몸을 이룬 한 백성인 것이다"[18]

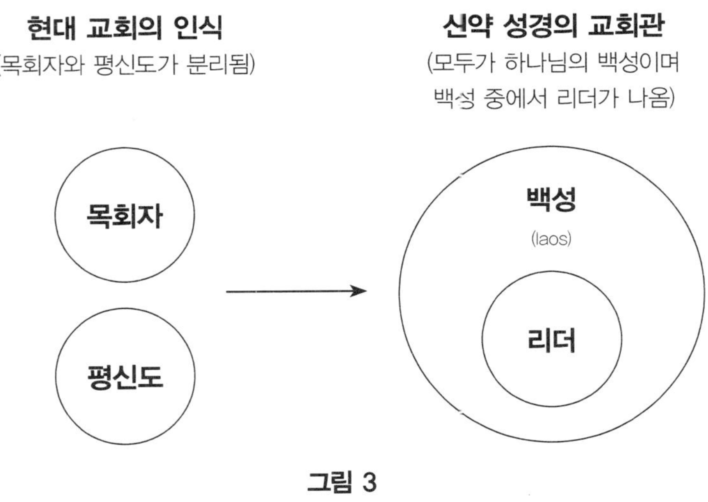

그림 3

이렇게 보면 로버트 뱅크스가 확신 있게 주장했듯이, 모든 그리스도인은 '평신도'(딛 2:14)이자 '제사장'(벧전 2:9; 계 5:10)인 것이다.

"어떤 집단을 '하나님의 백성(laos)'이라고 묘사할 때 그 집단은 유대인

또는 그리스도인 전체를 언급한다(예, 딛 2:14). 이 말에는 교회에서 좀 더 눈에 띄는 역할을 감당하는 자들도 포함한다. '하나님의 백성(the people, 히브리어로 am)'이라는 말은, 극소수의 예외를 제외하고는 2천 번이 넘게 그 속에 제사장, 선지자, 현자, 그리고 왕을 다 포괄하여 언급하고 있는 구약의 강조점을 그대로 지니고 있다. 이 용어가 배제하고 있는 집단이 있다면, 그것은 언약 바깥에 있는 자들, 곧 이방인들이다. 하지만 신약에서는 유대인과 이방인까지도 하나님의 백성으로 다 포함한다"(행 15:4).[19]

로버트 뱅크스는 모든 그리스도인들이 평신도인 이유를 다음과 같이 세 가지로 들었다. 첫째는 모든 그리스도인들은 '부르심'을 받았다(고전

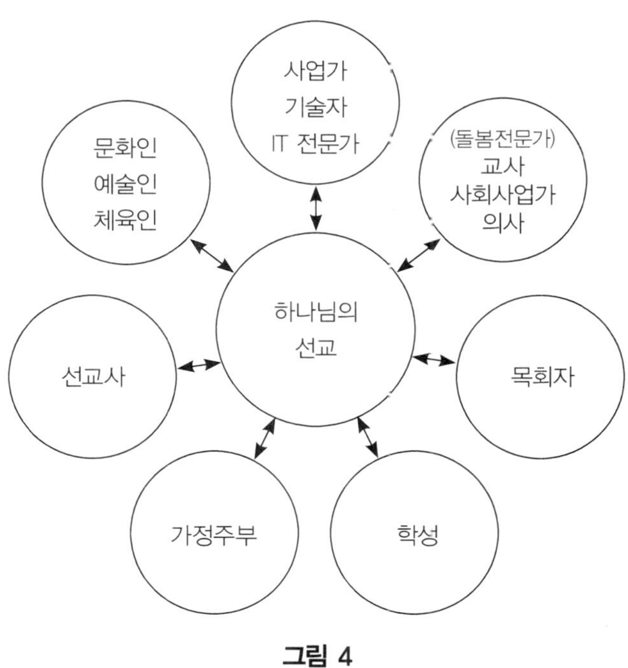

그림 4

1:9). 둘째, 모든 그리스도인들은 '제사장'이다(벧전 2:4, 9-10). 셋째는 모든 그리스도인들은 '성도'이다(롬 1:7; 히 13:24).[20] 그러므로 '그림 4'와 같이 모든 그리스도인들은 어느 일터에서 있든지 하나님의 선교에 동참할 수 있다. 모든 그리스도인들은 다 제사장이며 사역자이다.

8) 일터 그리스도인은 자신이 결코 이류 사역자가 아니라는 확신과 일터에 대한 교회의 전통적인(부정적) 인식을 제거하는 데 힘을 기울여야 한다.

9) 자신의 일과 일터가 어떤 유형으로 쓰임받기를 원하는지 생각해 보아야 한다.

이를 위해서 하나님 선교의 통로와 방법의 장으로서의 일터사역 운동의 3가지 유형을 이해하는 것이 중요하다(Ⅵ의 '1. 일터사역의 3가지 유형들'에서 자세히 다룬다).

<h1>주</h1>

1) 폴 스티븐슨, 『21c를 위한 평신도 신학』, 홍병룡 역(서울: 한국기독학생회출판부, 2001), pp. 123-124.
2) 댄 밀러, 『나는 춤추듯 일하고 싶다』, 김영실 역(서울: 미션월드라이브러리, 2006), p. 74.
3) 로버트 뱅크스, 『일상생활속의 그리스도인』, 한화룡 역(서울: IVP, 1994), pp. 66-90.
4) 폴 스티븐슨, 『21c를 위한 평신도 신학』, 홍병룡 역(서울: 한국기독학생회출판부, 2001), p. 182.
5) 위의 책. pp. 24-28.
6) 데니스 바케, 『일의 즐거움』(*Joy At Work*), 송경근 역(서울: 상상북스, 2007), p. 283.
7) Francis Nigel Lee, 『성경에서 본 인간』, 이승구 역(서울: 엠마오, 1984), pp. 133-136.
8) George Hunter III. pp. 85-89.
9) 존 맥스웰, 『크리스천이 직장에서 성공하는 법』, 김용환 역(서울: 국제제자훈련원, 2008), p. 114.
10) 로버트 프레이저, 『마켓플레이스 크리스천』, 장도희 역(서울: 순전한나드, 2007), p. 19.
11) 크리스토퍼 크레인, 마이크 하멜, 『왕 같은 제사장 경영자의 영향력』, 서진희 역(서울: 국제제자 훈련원, 2007), p. 52.
12) 일터 그리스도인들에게 CBMC에 정기적으로 참석할 것을 권한다. CBMC는 전 세계적인 일터사역 단체로, 특히 세계 어느 곳이든 한국인이 있는 일터현장에는 거의 예외 없이 CBMC 모임이 조찬 기도회 등의 형식으로 진행되고 있다.
13) 데니스 바케, 『일의 즐거움』(*Joy At Work*), 송경근 역(서울: 상상북스, 2007), pp. 271-272.
14) 위의 책. p. 272.
15) 데니스 바케, 『일의 즐거움』(*Joy At Work*), 송경근 역(서울: 상상북스, 2007), pp. 270-271.
16) 매츠 튜네핵 외 2인, *Business As Mission*, 김기영 역(서울: 예영커뮤니케이션, 2010), p. 82.
17) R. Paul Stevens, *The Other Six Days*, William B. Eerdmans Publishing Company, 1999, p. 27.
18) 위의 책. p. 30.
19) 로버트 뱅크스, 『일상생활속의 그리스도인』, 한화룡 역(서울: IVP, 1994), pp. 35-36.
20) 위의 책. pp. 36-37.

6

일터 사역

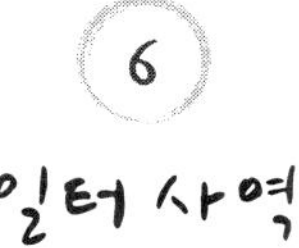

일터 사역

일터사역[1]은 첫째로 일터에서 일터사역에 스명을 가진 위대한 무명의 그리스도인들에 의해 행해지는 사역들로서 조찬 기도회, 소그룹 사역, 성경공부, 자신의 일을 성경적 원칙을 바탕으로 적용하려는 모임, 비즈니스 관련 전문성 교육 등이 있다. 둘째로는 주로 일터사역에 직-간접적으로 헌신된 사역자들의 필요에 의해 조직된 단체나 기관을 중심으로 이루어지는 사역으로서 한국을 포함하여 96개국에 200개 이상의 일터사역 단체와 기관들이 적극적으로 활동하고 있다. 이들 단체와 기관들을 통해 이루어지고 있는 다양한 형태의 일터사역들 중 일부는 다음과 같다.

일터 내(within)에서의 사역인 일터사역은 '일터에서의 신앙(faith-at-work)'을 목적으로 한 조직들로서 상호지원, 전도사역, 일터제자 훈련을 목적으로 연합된 그리스도인 조직들이다. 대표적인 일터사역의 예로서 'Christ@Work'가 있다. 이 조직은 비즈니스 리더들의 모임을 목적으로 하고 있는데 첫째는 '회사 리더들(Company Leaders)'인 기업주, CEO, 회장, 둘째는 'Legacy Leaders'로 은퇴한 회장들, 셋째는 '미래 리더(Future Leaders)'로서 그리스도인 비즈니스 학생 등이다. 'Christ@Work'의 목적은 이들을 무장하여 그들의 회사를 그리스도를 위하여 이끌고, 성경적 원칙으로 관리하도록 하는 것이다. 또한 이들에게 매년 중요한 컨퍼런스를 포함하여 매우 유용하고 다양한 자료들을 제공해 주는 것이다. 대부분의 멤버들은 상호 지원과 계발, 그리고 영적-사역적 무장 등을 목적으로 매주 소그룹으로 모이며, 자신들의 비즈니스 이슈들을 모임에 가지고 와 그리스도 중심적이며 성경을 기본으로 하는 조언과 인도를 상호 모색한다. 'Christ@Work'는 미국 내에 1,500개 회사에 소속된 리더들이 모이고 있으며, 현재까지 지속되고 있다.

오늘날 전 세계적으로 다양한 일터사역 단체들이 많이 있는데, 이 일터사역 단체의 공동 목표는 하나이다. "그리스도를 위하여 일터 내와 또

는 일터를 통하여 교회나 다른 일터사역 기관과 관련이 없는 다른 사업가들에게 접근하는 것"이다.[2]

1. 일터사역의 3가지 유형들

닐 존슨의 분류에 따르면 3가지 유형의 일터사역이 있다.

1) 일터를 대상으로 하는 사역(Mission to The Marketplace)

일터를 대상으로 그곳을 영적 거점화하여 일터 내에 하나님 나라의 영향력을 끼치고, 하나님의 원칙이 작동하는 것을 목표로 하는 사역으로, 일터 외부인이 일터 내부인에게 복음을 전하고 제자화하는 것이다. 예를 들어 도시의 상업 지역을 다니면서 하는 '땅 밟기' 기도 사역과 내부인들과 관계를 발전시켜서 복음을 증거하는 사역 등, 그 형태가 다양하다. 또한 학원 전도, 병원 전도, 교도소 전도, 군 선교 등도 이 유형의 사역에 해당한다.

2) 일터 내에서의 사역(Mission within The Marketplace)

킹덤회사들이 이 유형에 속한다. CBMC도 이 유형의 대표적인 사역 단체이다. '일터 내부의 사역'은 보다 복잡하다. 일터 내부인이 일터 내부의 사람들에게 복음을 증거하는 사역으로 두 가지 유형이 있다.

(1) 일터의 그리스도인이 일터의 또 다른 그리스도인에게 접근하는 방

법으로 다양한 활동이 일터사역의 주류를 이룬다. 그들을 격려하고 제 자화하고 코칭하는 그리스도인 CEO와, 회장들을 대상으로 그들을 무장시켜서 그들의 회사를 그리스도를 위하여 성격적 원칙으로 운영하도록 하는 것이다. 특별히 소그룹으로 모여서 매주 실제 비즈니스 문제들을 토론하고 성경적 내용을 기준으로 어떻게 의사결정을 내릴지 모색함으로써 예수님을 영화롭게 하는 것이다.

(2) 일터 내 그리스도인이 일터 내 비그리스도인에게 복음을 전하는 것이다. 이 사역에서는 전도와 제자화가 중요하다. 그 대상으로는 종업원과 그들의 가족들, 고객들과 공급자, 투자자, 업종 연합회, 무역 연합회, 경쟁자들이다. 이들이 예수님을 믿게 되면 그 사람을 교회로 인도해서 그리스도 안에서 잘 성장하도록 한다.

두 번째 유형인 '일터 내에서의 사역'의 모범적인 실례는 '한국교세라정공'이다(http://www.kptk.co.kr). 이 회사를 방문해 보면 누구라도 곧 알게 되는 사실은 일터사역이 가져다 준 사업적·사역적 열매이다. 사업적 열매는 매출의 급성장을 말하는 것이며, 사역적 열매는 회사 내에 충만한 영적 시너지를 말한다. 이 충만한 영적 에너지는 회사의 전 직원이 소그룹 모임을 통해 삶을 나누고 중보하면서 그리스도 안에서 치유가 발생하는 영적 친교를 생생하게 체험하게 하는, 성령이 이끄시는 사내 예배에서 강력한 영적 체험들을 통해 창출되는 하나님의 권능(dunamis, 행 1:8)인 것이다.

가: 일터 내에서의 사역은 다음과 같은 순서로 재생산된다.

ㄱ. 전도

일터의 그리스도인들이 일터 내의 불신자에게 증거하여 전도하는 단계이다. 이 단계에서 무엇보다 중요한 것은 입으로 증거하기 이전에 일터 내에서 삶으로서의 증거가 우선이라는 것이다. 화이트 부부의 일터에서의 전도에 대한 안내는 일터에서 전도에 헌신하고자 하는 분들에게 참으로 유익하다.

가장 확실한 방법은 행동을 통한 증거이다. 사람들은 당신이 어려운 상황 가운데서 어떻게 일하며 어떻게 행동하는가를 주시한다. 혹시라도 '사소한' 일들에 대하여 상사를 속이지는 않는지, 신경질을 내지는 않는지, 혹은 항상 자기에게 유리한 것만 고집하지는 않는지 다 보고 있다. 당신의 업무 수행과 행동 여하에 따라 당신의 믿음을 말로 나눌 수 있는 기회가 생기기도 하고 그렇지 못하기도 한다.

두 번째 방법은 인격을 통한 증거인데, 인격은 사람의 내면 깊숙한 곳에 존재하는 실제 그 사람의 모습이다. 사람들은 당신의 인격을 보고 당신이 어떤 사람인가를 판단한다. 그들은 자신들이 인식할 수 있는 범위 내에서 당신의 동기를 판단하려는 경향이 있다.

세 번째 방법은 말을 통한 증거이다. 언어를 통하여 그리스도에 대한 자신의 믿음을 직접 전달한다. 직장(일터)에서 좋은 관계 가운데 있어야 하는 전체적인 목적은 자신의 행복뿐만 아니라 효과적인 증거를 위해서이다.[3]

ㄴ. 영적 돌봄

위의 전도 단계를 통해 전도된 이들과 일터의 다른 그리스도인들을 섬기는 일이다.

ㄷ. 영적 무장

기도, 성경 공부, 세미나, 일터사역 학교, 포럼, 단기 선교 등을 통해 일터의 그리스도인들을 일터 사역자로 세우는 단계이다.

ㄹ. 영적 역동성(Spiritual dynamic)

일터의 그리스도인들이 영적 무장 단계에서 자신들을 향한 하나님의 강력한 뜻과 소명을 발견하게 되면 이들의 심장에 일터사역을 향한 소명의 불이 타오르게 된다. 이어 하나님께서 자신들에게 허락하신 자원, 재물, 일터, 네트워크 등의 영적 의미를 인정하고, 주께 드릴 것과 사역을 위해 포기해야 할 것에 대한 분별력이 생기게 된다. 그리고 이 사역을 위해 모든 것을 포기하는 대가 지불의 감격을 기쁨으로 누리면서 자기 십자가를 지고, 주님을 따르고자 하는 영적 역동성이 생겨난다.

ㅁ. 자발적 헌신

소위 말하는 소명에 대한 은혜, 즉 영적 역동성을 경험하게 되면, 하나님께서 부어 주시는 열정으로 인하여 일터사역에 자발적으로 헌신하게 된다. 소극적으로 교회에 출석하던 한 성도가 은혜받으면 교회의 모든 예배와 프로그램에 빠짐없이 적극적으로 참석하는 경우와 같다.

ㅂ. 영적 시너지

자발적인 헌신자는 그 전에는 무관심하여 몰랐었던 것을 발견하게 되는데, 이미 자기처럼 이 사역에 자발적으로 헌신하고 있는 선배 사역자들과 또 자신처럼 이 자발적 헌신에 막 불이 붙은 동료들의 존재를 발견하게 된다. 하나님께서는 이들을 만나게 하시고, 연합하게 하셔서 영적 시너지를 창출시켜 일터사역의 부흥의 열매를 거두시기 원하신다.

ㅅ. 일터사역 헌신

이 일터사역자들의 일터사역 헌신은 "예수께서 나아와 말씀하여 이르시되 하늘과 땅의 모든 권세를 내게 주셨으니 그러므로 너희는 가서(go through) 모든 민족을 제자로 삼아 아버지와 아들과 성령의 이름으로 세례를 베풀고 내가 너희에게 분부한 모든 것을 가르쳐 지키게 하라 볼지어다 내가 세상 끝날까지 너희와 항상 함께 있으리라 하시니라"(마 28:18-20)고 명하신 대사명을 이루는 위대한 헌신인 것이다. 그러므로 일터의 그리스도인들은 "뱀처럼 지혜롭고 비둘기처럼 순결하게"(마 10:16) 일터에서(within) 발생하는 모든 일에 적극 대처하며(go through) 대사명을 이루어 나아가야 한다.

나: 다음은 일터 내부 사역에서 이루어지는 전형적인 사역이다.

ㄱ. 무장

그리스도인 일터의 내부인들을 도와서 그들의 일터에서 그리스도를 위해서 어떻게 행동하는 것이 더 효과적인지와 그들의 회사를 통해서 어떻게 보다 더 강력한 하나님 나라의 영향력을 확장시킬 수 있는지를 이해하도록 하는 것이다.

ㄴ. 친교

일과 비즈니스에서 오는 스트레스와 불안을 제거하고 일을 기쁘게 하기 위하여 그리스도인들과 함께 가치 있는 시간을 보내는 것이다.

ㄷ. 동기부여

일터에서 그리스도 안에 있는 형제, 자매들을 높여서 그들의 근무 환경 속에서 그리스도를 더욱 닮아가게 하는 것이며, 자기들의 역할이 하나님 나라의 영향력을 위하여 유용한 도구임을 알게 하는 것이다.

ㄹ. 격려

일터에서 그리스도인은 간혹 외롭고 고립감을 느낀다. 어려운 상황 속에 있는 일터 그리스도인들에게는 격려가 필요하다.

ㅁ. 멘토링

일터의 동료 신자들로부터 전략적인 안내와 지도를 받아들이는 것이다. 특별히 보다 연장자들, 보다 경험이 많은 그리스도인들이 일터에 있는 보다 젊고, 청렴한 그리스도인들을 돕는 것이다.

ㅂ. 코칭

멘토링과 마찬가지로 코칭도 안내와 지도를 제공하는 데 집중하지만, 멘토링은 한 개인의 총체적인 인생의 필요에 집중하는 반면 코칭은 일, 가족, 운동 등과 같은 상황 속에 있는 퍼프먼스와 관련된 것에 집중한다. 멘토는 한 개인의 삶의 여정에 동행하는 것이며, 코치는 보다 직접적이며 교훈적인 역할을 하는 것이다.

ㅅ. 제자 삼기

그리스도인 일터 내부인들을 양육하여 그들을 그리스도 안에서 자라도록 도우며, 성경적인 지식을 적용하고 복음 안에서 성숙하게 하는 것이다.

ㅇ. 조언하기

비즈니스와 개인의 문제와 결정을 내리는 데 있어서 영적인 조언이 필요한 자를 섬기는 것이다. 지혜로운 상담과 그리스도인 가치 관점에서 문제들을 분석하고 풀도록 도와주는 것이다.[4]

다: 애틀랜타 소재의 비즈니스 전문인 네트워크(Business Professional Network)에 모였던 일터사역 리더들이 제안한 또 다른 기능들

ㄱ. 특별히 사업가들이 전문가들을 전도하기

ㄴ. 사업가들과 전문가들 그룹을 제자 삼기

ㄷ. 성경과 그리스도인 윤리에 따라 비즈니스를 관리하는 법을 훈련시키기

ㄹ. 세계의 경제적 불경기 지역에서 새로운 비즈니스와 일자리 창출을 격려하기

ㅁ. 특히 병 치료와 절박하게 필요한 사회 프로그램을 위해 기부하기

ㅂ. 가난한 이들을 돕기

ㅅ. 비즈니스 위기에 직면한 사업가들과 법원으로부터 사업 분쟁 중재 명령을 받은 사업가들에게 코칭하기

ㅇ. 비즈니스 지역의 건강과 보안을 지키기

ㅈ. 사업가와 전문가들에게 다른 일터사역자들을 최선을 다하여 섬기
라고 말하기[5]

3) 일터를 통한 사역(Mission through The Marketplace)[6]

일터에서 나오는 영적 시너지로 세상을 섬기는 유형이다. 텐트메이킹
과 BAM이 가능한 사역이다. 일터를 통한 사역은 위의 '일터를 대상으로
하는 사역'이라든가 '일터 내의 사역'과는 다르다. 일터 내부의 그리스도
인이 일터의 자원, 힘과 네트워크를 가지고 전 세계의 일터를 상대로 일
터 외부의 사람들에게 다가가 그들을 총체적으로 섬기는 것이다. 이 활
동은 국내뿐만 아니라 해외 시장까지를 대상으로 하여 일터가 없는 빈
곤한 국가에 찾아가서, 또 도시 내에 상업적 움직임이 없는 사람들에게
찾아가서 그들을 총체적으로 도와주는 것이다. 다시 말해서 하나님께서
각자에게 준 자원을 가지고 외부 문화 충돌이 있는 곳까지 가서 사람들
을 섬기는 것이다. 한국의 경우 그간 '일터 내 사역'에 집중했던 '이롬라
이프(http://www.erom.co.kr)'가 '일터를 통한 사역'으로 사역의 방향을 전
환하면서, 회사 전체가 BAM 사역에 헌신하기로 하고 회사의 모든 자원
과 에너지를 사역적으로 BAM에 집중하고 있는 현상은 하나님의 선교
차원에서 참으로 가치 있는 결정이자, 가장 위대한 투자가 아닐 수 없다.
2010년 6월 상해연합교회에서 진행되었던 EAM 상하이 포럼에 이롬라
이프의 본부 리더들과 스텝들, 그리고 지역 리더 등 많은 인원들이 대거
참석한 것은 이 회사의 '일터사역을 통한 선교'로서의 BAM에 대한 지대
한 관심을 잘 드러내 준 하나의 단면이다.
일터사역 운동(Marketplace Mission Movement)은 기능적으로 텐트메이

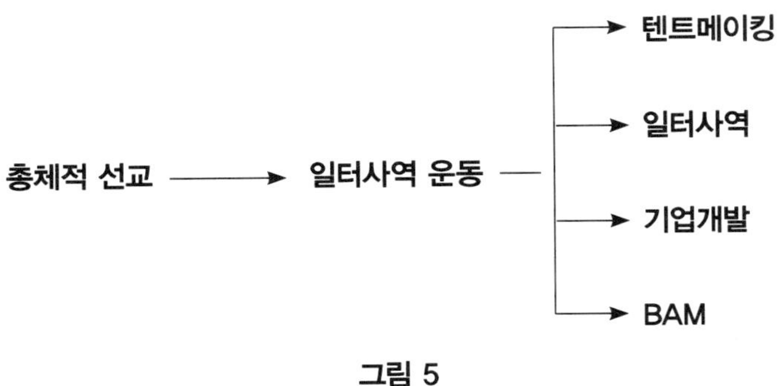

그림 5

킹, 일터사역(Markerplace Ministry), 기업개발(Enterprise Development), 그리고 BAM(Business As Mission) 등의 네 진영(camps)으로 분리되었다.

하나님의 선교를 이루는 데 있어서 두 개의 큰 틀은 수직적 선교와 수평적 선교이다. 수직적 선교는 영혼 구원의 영역이고, 수평적 선교는 하나님의 구체적인 사랑을 전하기 위해 그들의 경제적, 사회적, 영적 필요를 채워 주는, 하나님의 뜻을 실천적으로 이루는 사역이다.

총체적 선교(Holistic Mission)[7]란 수직적 선교와 수평적 선교를 통합한 것인데, 그간 수직적 선교를 더 강조했다면, 총체적 선교는 주로 수평적 선교의 다양한 사역을 통하여 이 땅에 하나님의 나라를 실현하면서 복음을 증거하고 사람들의 영혼을 구하는 사역으로 이해할 수 있다.

일터사역 운동은 이 총체적 사역을 이루는 일터와 비즈니스 영역에서 자연적으로 생겨난 비즈니스 사역으로, 일과 일터에 직·간접적으로 속한 모든 이들로 하여금 일과 삶에 성경적 원칙을 적용하도록 하며, 자신의 신앙과 일을 통합할 수 있도록 하고, 또 소명의식을 발견하여 사역에 헌신하도록 돕는 사역이다.

향후 선교사역 운동을 통해 발생할 것으로 예상되는, 이 하나님의 운동에 대한 오스 힐먼의 기대는 그리스도인들에게 벅찬 감격을 준다.

① 직장생활이 사역이라는 사실을 이해하도록 도와줄 수 있는 훈련과
정이 각 교회 안에 개설되어 각 교인이 실질적인 방법을 배울 수 있
는 기회가 주어질 것이다.

② 기독교인들이 직업을 통해 주어진 소명을 이룰 수 있도록 돕고 지원
하는 교회들이 나타날 것이다.

③ '일터 변화시키기 운동'을 주제로 한 행사와 'PK'(프라미스 키퍼스)와 비
슷한 운동이 일어날 것이다. '일터 변화시키기 운동'이 전하고자 하
는 메시지가 사람들의 신앙 운동 초점으로 자리 잡게 될 것이다.

④ 기업체에서 '일터 변화시키기 운동'의 취지를 좀 더 적극적으로 수
용하게 될 것이다.

⑤ 일터에서 기도의 능력이 더욱 가시화될 것이다.

⑥ 공무원들이 그들의 일터에서 더욱 열정적으로 신앙을 실천함으로써
도시들이 변화하기 시작할 것이다.

⑦ 정부 각 부처, 오락 산업체, 교육기관, 기업체에서 신앙 운동이 활
발하게 이루어질 것이다.

⑧ 주요한 기독교 사역단체들이 이와 같은 성령의 역사를 인지하고 적
극 참여함으로써 더욱더 많은 사람들이 그리스도를 영접하게 될 것
이다.

⑨ 종교 지도자들이 금기시했던 영역에 기독교인들이 깊이 침투함으로
써 일터에서는 많은 기적이 일어날 것이다.

⑩ 목회자들은 대게 변화를 더디 수용하는 경향이 있지만 궁극적으로
그들도 역시 이 운동의 영향을 받아 일터사역 운동을 새로운 사역
의 물꼬를 틀 수 있는 기회로 생각하게 될 것이다.[8]

2. 효과적인 일터사역을 위한 12가지 제언[9]

1) 영적 직책이 그 사람의 영성을 대변하는 것은 아니다.

사역은 영성으로 하는 것이지 직책으로 하는 것이 아니다. 목회자이든, 버스 운전사이든, 신학대학 총장이든, 가정주부이든 그 직책과 관련 없이 그가 영성의 사람이라면 하나님의 선교에 헌신하는 사역자이며, 그의 영적 직책이 무엇이든가에 영성이 없는 사람이라면 하나님의 선교에 합당한 사역자일 수 없다.

영성에는 계급이 없고 질서만 있을 뿐이다. 그러므로 영성의 사람들이 모이면 그리스도 안에서 일치가 일어나 주님의 몸인 공동체를 이룰 수 있고, 함께 동역하여 하나님의 선교를 이루어 나갈 수 있다. 극소수이지만 영성이 없는 직책의 사람들의 모임은 계급 투쟁터가 되어 분규와 경쟁이 난무하다. 이로 인해 그들이 가지고 있는 힘들이 고갈되어 하나님의 선교에 나서지 못하는 경우가 있다.

일터의 그리스도인으로서 그가 영성의 사람이라면 그는 분명 일터를 섬기기 위해 전임사역자로 부르심을 받아 파송된 사역자인 것이다.

2) 교회 안에서의 섬김만이 사역은 아니다.

강단에서의 섬김(설교, 교육, 찬양 등)이 교회 내부의 다른 곳에서의 섬김보다 우월할 수 없다. 눈에 보이는 섬김과 눈에 보이지 않는 섬김 역시 어떤 명분으로 그 우열이 있을 수 없다. 그리스도의 사역이 설교이든, 치유이든, 상담이든, 혹은 성전을 청결하게 한 사역이든 다 중요했듯이, 교회 내의 모든 사역은 그리스도 안에서 어떤 명분으로도, 또 어떤 형식으로도 구분될 수 없다. 교회를 강단으로 비유하자면, 전 세계의 일터는 교회 전체라고 할 수 있다. 교회의 사역과 전 세계적인 일터의 사역이 그 우열로 구별될 수는 없다. 그러므로 교회에서 강단을 영적으로 소중히 여기는 만큼, 세상에서 일터도 영적으로 소중히 여기고, 그 사역적 가치를 충분히 인정해야만 한다. 또한 교회가 강단 사역을 위해 모든 것을 투자하듯이 세상의 강단인 일터를 위해서도 모든 것(우수한 인력, 중보기도, 자원, 재정지원 등)을 아낌없이 투자해야 한다.

3) 교회 안에서 투자하는 시간과 헌신의 수준은 다르다.

어떤 사람이 그리스도인이 되면, 그는 교회의 행사와 프로그램 그리고 사역에 적극적으로 참석한다. 점차 직업의 영역 외에 다른 세속의 영역에서는 멀어지게 되고, 심지어는 배우자와 가족들과 함께 하는 시간조차 없어지게 된다. 이런 식으로 3~10년이 지나면, 이 사람은 교회에 참석하는 데 지치게 되고, 그동안 무관심했던 세속의 영역으로 돌아가게 된다. 그리고 교회에는 말 그대로 선데이 그리스도인으로 출석하게 된다. 이는 교회에 투자한 시간이 헌신의 깊이와 비례하지 않았기 때문이다.

일터의 그리스도인들은 교회의 행사와 프로그램 그리고 사역에 참석하는 시간이 다른 성도들에 비해 상대적으로 부족하게 보일 수 있다. 교회 내부인의 시각으로 보면, 일터의 그리스도인들의 믿음과 헌신이 부족해 보일 수도 있다. 그러나 이 부족함이 그의 헌신 수준과 비례한다고 평가해서는 안 된다. 이들은 일터에서 전임으로 사역하는 하나님의 사역자들이다. 이들에게는 일터가 교회이기 때문이다. 일터에서 이들은 가장 첨예한 영적 전쟁을 치루면서 하나님의 선교에 헌신하고 있다.

4) 교육과 훈련은 다르다.

켄트 험프리스(Kent Humphreys)는 교육-훈련과 관련하여 3T를 말한다. 첫째는 말(Telling)이며, 둘째는 교육(Teaching)이며, 셋째는 훈련(Training)이다. 말이 교육 방법의 다가 아니다. 또 가르침에 경청한다고만 해서 배우는 것도 아니다. 행함으로 배워야만 한다. 말은 "방 청소 좀 해라."와 같은 단순한 명령이다. 가르침은 "창문을 열고 빗자루를 들고 바닥을 쓴 다음 걸레로 닦아라."는 식의 설명이다. 그런데 훈련은 상호 활동적(interactive)이다. 교육자가 설명하고, 몸소 보여 주며, 피교육자와 함께 실행하면서, 결국은 피교육자가 스스로 청소하게 하는 것이다.

많은 일터사역자들은 교회에서 스푼으로 떠먹여 주는 음식 때문에 영양 과다에 걸려 있다. 이들은 스스로 먹는 법을 배우기 원한다. 새로운 환경을 경험하기 원하고, 스스로 하나님 말씀의 보화를 캐기 원한다. 그러나 교회는 비디오, 책, 잡지, 퍼포먼스 등 너무나 여러 가지로 가르치며 먹인다. 일터사역자들에게는 단지 교육이 아닌 직접 행동하는 훈련이 필요하다. 이에는 시간이 필요하다. 스스로 성경공부하고, 스스로 사역에 임하게 하고, 전도하고, 제자화하고, 남을 돕는 일에 헌신해야 한다. 이를 위해 먼저 된 사역자들이 이들과 함께 하며, 몸으로 실천하는 것을 보여 주어야 한다.

이런 훈련은 결국 과거에는 존재하지 않았지만 뭔가 새로운 열망을 창조하기에 이른다. 교육의 한계에 이른 현대교회는 이런 본이 제공되는 훈련이 필요한 것이다.

5) 규모가 크다고 중요한 것은 아니다.

교회의 규모가 크고 예산이 막대하다고 해서 일터사역자들에게 영향을 줄 수 있는 것은 아니다. 일터사역자들은 일터에서 규모가 더 크고, 예산 규모가 더 큰 것들을 상대하기 때문이다. 교인의 숫자나 교회가 감당하는 선교지, 또는 교회 내에서의 직분투쟁에 대해 일터사역자들은 관심이 없다. 이들은 이미 일터와 전문영역에서 이보다 더한 것들을 경험하고 있기 때문이다. 일터사역자들은 규모와 크기보다 더 중요하고 의미 있는 삶을 살기 원한다. 그들은 목회자와 전문가를 돕기보다는 스스로 그렇게 살기를 원한다. "오늘날 젊은 리더들은 자신들이 감당하기에 너무 큰 비전에 사로잡힐 때에만 하나님을 의존하게 된다. 일터사역자들은 자신이 감당하기에 너무 큰 의미가 있고, 중요한 일에 헌신하기 원하며, 헌신할 준비가 되어 있다."

6) 섬길 대상이 오길 기다리지 말고, 그들에게 가라.

예수님께서는 종교적인 지도자와 대화하고자 하실 때는 성전으로 가셨으며, 상처받은 사람들을 치유하기 원하셨을 때는 그들이 있는 곳으로 가셨다(예를 들면 우물가의 사마리아 여인).

예수님께서는 이처럼 사람들의 삶에 직접 찾아 가셔서 그들에게 하나님의 영향력을 끼치셨다. 그분은 사람들을 자신의 영향력 있는 집단 안으로 끌어들이지 않으셨다. 단지 그곳으로 가셔서 그들을 만나 섬기셨다.

① 하나님께서 바로에게로 가기 원하셨을 때, 왕족 출신인 모세를 선

택하셨다.

② 하나님께서 관료와 왕에게 가길 원하셨을 때는, 지식이 많고 종교
적 열심이 있었던 사울(바울)을 선택하셨다.

이와 같이 하나님께서는 일터를 추수하시기 위해서 비즈니스맨을 선택하신다. 실제적 일터사역은 종교라기보다는 예수님의 향기이며, 활동이라기보다는 유용성이다. 일터에서 설교한다거나, 보이는 곳에서 기도할 필요가 없고, 단순히 소금과 빛으로 살면 된다. 예수님께서는 일터의 사람들이 열매를 맺을 수 있도록 도와주시며, 일터사역자들을 자신의 동역자로 삼으신다(요 15:5, 17:23).

7) 주일날 교회 활동에 열심인 것과 영적인 삶과는 다르다.

일터에서의 평일이나 주일의 예배시간이나 하나님께는 다 중요하다. 주일이 다른 요일보다 더 중요해서도 안 되고, 다른 요일이 주일보다 더 중요해서도 안 된다. 일터사역은 영적인 능력과 세속적인 영역의 파편이 아니라, 하나님과 함께 동행하는 실제적인 활동이다. 그리스도인들이 모든 일을 그리스도와 같은 자세로 행한다면 그 일은 거룩한 것이다. 전화를 건다거나 방문한다거나 프로젝트를 설명한다거나 물건을 판다거나 하는 등의 비즈니스 행동을 통해 다른 사람들의 삶에 영적 영향을 끼칠 수 있다면 이는 사역이다. 일터사역자들에게 필요한 것은 어떤 일을 한다는 것보다는 어떤 자세로 그 일에 임하는가이다. 그래서 일터사역에 있어 교제도 중요하고 프로그램도 중요하지만 기본적으로 예수님처럼 낮아짐을 통해 서로 돌보고 그리스도의 마음을 갖는 것이 더 중요하다(빌 2:1-11).

8) 제도보다는 개인에 집중해야 한다.

제도보다는 개인이 더 중요하다. 예수 시대에 바리새인들과 종교지도자들은 자신들의 율법과 제도를 개인보다 더 우선시하였다(막 7:8). 리스 앤더슨(Leith Anderson) 목사는 통하는 『리더십』(*Leadership that work*)이라는 책에서 과거와 오늘날의 우선순위의 차이를 구별하였다.

① 제도로부터 개인으로,
② 교회로부터 가족으로,
③ 의무로부터 기회로,
④ 보여 주는 것으로부터 의미로,
⑤ 신실함에서 효과성으로.

사람들은 은사를 사용할 기회를 찾고, 그것이 보다 효과적이며 보다 의미심장하길 원한다. 가족을 무시하면서까지 어떤 일에 동참하지는 않는다. 과연 목회자들이 이러한 현상에 적응할 수 있는가?

9) 명성보다는 종 의식이 더 중요하다.

일터에서의 사역은 남을 섬기는 것이지, 남을 섬김으로써 평판을 얻는 것은 아니다. 교회 안에는 남을 섬기길 원하는 사람들이 있지만, 교회는 그들을 사역화하지 않는다. 목회자와 교인 중 자기 전문성을 뽐내는 이들도 있지만, 실은 이들은 이보다 더 섬기는 사람이 되어야 한다. 일터사역자들은 일주일 동안 매일 집에서나 사무실에서 말없이 섬김을 행하는 자여야만 한다. 섬김은 상대방을 훈련시키는 매우 효과적이며 매우 간접적인 방법이다(modeling).

10) 세속문화에서 도피하기보다는 세속문화에 스며들어야 한다.

세속문화에서 도망치지 말고 세속문화에 스며들어야 한다. 오늘날의 사역은 '~으로부터 분리되기'보다는 '~에 스며드는 것'이다. 렌 스위트(Len sweet)는 이 문제를 잘 지적하고 있다. 세상은 날마다 혼돈스럽고 복잡하고 감당하기 힘든 상황으로 변해 가지만, 우리는 그 속에 스며들어 그 무질서의 공간을 영적 처소로 만들어야 한다.

① 크리스천 학교 – 일반 학교
② 크리스천 라디오 – 일반 라디오
③ 크리스천 TV – 일반 TV

우리 그리스도인들은 어느 쪽에 더 친숙하며, 어느 쪽으로 더 스며들어야 할 것인가? 우리는 세속에 영향을 끼쳐야 한다. 소금은 썩지 않게 하는 것이고 빛은 밝히는 것이다. 때문에 소금은 부패가 만연한 영역에서, 빛은 어두운 곳에서 그 기능이 더욱 활성화되며, 또 그 가치가 최고에 이른다. 소금과 빛의 사명을 가진 그리스도인들은 어느 영역에 있어서 그 기능이 최고로 활성화되고, 그 가치가 최고에 이르는지는 자명하다(마 5:13-16).

11) 외적인 변화보다는 내적인 변화에 우선하라.

외적인 변화가 아닌 내적인 변화에 집중해야 한다. 성령은 사람을 변화시킬 수 있다. 이 사람의 변화로부터 시스템과 세상의 변화가 이루어지기 시작한다. 우리 안에 성령의 9가지 열매가 맺어져야 세상에도 그런 영적 변화가 맺어지기 시작한다(마 23:27; 막 7:21-23; 고후 5:17). 교회 개혁에 앞서 사람의 변화가 우선되어야 하고, 시스템 개혁에 앞서 사람이 먼저 그리스도 안에서 새로워져야 한다. 일터 그리스도인들은 늘 스스로를 새롭게 하는 일에 우선해야 한다.

12) 개인보다는 팀워크에 우선하라.

개인주의보다는 팀워크에 우선해야 한다. 우리는 성령님께서 이웃과 일터와 심지어 교회에 행하시는 일을 통제할 수 없다. 일터 그리스도인들과 목회자들이 반드시 함께 인정해야 하는 것은 우리가 할 수 있는 최상의 일은 잃어버린 자들을 찾는 하나님의 사역에 동참하는 것이다. 그래서 통제하기보다 동참하는 것이 중요하다. 예수님께서는 3년 동안 세상에서 우리를 구원하시기 위해 팀을 만들어서 힘을 나누어 주고, 제자들의 각각의 영역에서 통제가 아닌 섬김의 모습을 보여 주셨다. 영적 팀워크가 형성되면 초강력의 영적 시너지가 생산된다. 이 시너지를 권능이라 칭한다. 권능은 예수께서 이 땅에 계시면서 하나님의 뜻을 이루시기 위하여 사용하셨던 초능력으로 하나님께서 그리스도에게 주신 하나님의 능력이다. 예수님께서는 이 권능을 사용하셔서 우리의 죄를 사해 주셨으며(마 9:6), 귀신을 쫓아내셨다(마 10:1). 또한 이 권능으로 예수님께서 사단의 영역에서 우리를 구출해 주셨으며, 영적 공동체인 제자 공동체를 만들어 제자들을 양육하셨고, 마침내는 모든 권능을 제자들에게 주어 파송하셨다(마 28:18-20). 예수님께서 공생애 기간 동안 우리에게 보여 주셨던 모든 사역은 모두 권능의 결과이다. 모든 시험을 말씀으로만 극복하셨던 능력(마 4:1-11), 끝없이 배척당하면서도 끝까지 사랑하셨던 능력, 십자가 위에서도 인간들을 용서하셨던 그 능력 등 이 모두가 예수님의 권능 사역이셨다.

예수님의 권능을 이어 받은 일터의 그리스도인들은 권능으로 사역하여야 한다(막 16:17-18). 그러나 영성이 고갈된 사역자나 삯군 사역자는 권능이 아닌 자신의 능력(power)으로 일한다. 물론 그 결과는 바벨탑을 건설한다거나 자신을 증명하는 것에 불과하다.

3. 일터사역의 효과적인 접근방법[10]

"그러므로 너희는 (일터로) 가서 모든 민족을 제자로 삼아…(마 28:19)"의 헬라어 원문을 영어로 "As you go through life, make disciples."[11]로 번역할 수 있다. "너희는 너의 일상을 (믿음으로 그리고 일의 전문성과 경쟁력으로) 극복해 가면서, 제자 삼아…"라는 뜻이 된다.[12] 초기 제자들은 일상을 포기하고 선교지에 가서 거기서 제자 삼는 사역을 했다기보다는, 자신들의 삶을 충실히 살아가면서 그리고 복음적 원칙적 삶을 통해 발생하는 온갖 역경을 믿음과 사명감으로 극복하면서 제자 삼기에 헌신했다. 즉, 'Life as Mission' 과정에 충실하면서 선교적 디아스포라(missional diaspora)의 삶을 살았던 것이다. 복음을 받아들여 로마 교회의 장로가 되었던 한 일터사역자는 로버트 슬로건(Robert .E. Slocum)에 따르면 아마도 이렇게 살았을 것이다.

"그리스도 사후 300년간 번영했던 기간 동안은 성직자도 없고, 신학교도 없고, 그리고 교회 건물도 없었다. 그 당시 교회는 종교 전문가가 아닌 지역의 장로들에 의해 유지되었다….

로마의 한 장로는 가죽 일을 하는 사람이었는데, 도로변 가게 위에서 다른 가죽공들, 제화공들과 함께 살고 있었다…. 그의 사역(섬김)의 대상은 그의 가족, 친구들, 고객들, 동료들, 심지어는 그의 거리와 골목의 위, 아래에 있는 경쟁자들이었다. 이러한 신앙인들의 삶과 사역 때문에 그리스도의 몸은 늘 그 현장 속에 살아 있는 것이었다."[13]

이것이 바로 전형적인 비즈니스 선교사 혹은 일터사역자의 모습이다. 기독교 초기 300년 동안은 바로 이들 일터사역자들에 의해 하나님의 선교가 역사상 가장 활동적으로 이루어졌다. 초기 기독교인들은 자신들의 일터와 집을 복음을 선포하는 거점으로 사용하였다. 우리도 이와 같은 방법을 사용해야 하는데, 이렇게 효과적인 방법을 잊고 있는 것은 아닌가?

그리스도를 전하면서 일한다는 것은 통합적인 삶을 사는 것이다. 이러한 삶에는 교회에서의 주일날 영성과 일터에서의 영성 사이에 구별이 없다. 이 두 가지가 같은 것이다. 어떠한 환경과 상황 속에서도 일터 그리스도인은 하나님께 집중하는 삶을 살고, 사람들을 예수께로 인도하려는 기회를 찾아야 한다. 이들에게 여행, 일, 전도는 하나이다. 대부분 이런 통합의 사역을 배우기까지는 많은 시간이 필요하다. 일터에서 열심히 일하다가 서둘러 퇴근하여 간신히 라면 하나 끓여 먹고 교회에 갔는데 왠지 낯설고 불편하고 뭔가 잘못된 것만 같은 분위기에 눌리는 일터의 그리스도인들이 많다. 교회 출석과 활동에 참여하지 못하는데서 오는 무언가 모를 불편함에 눌려 신앙생활의 자유함이 없다.

하나님이 원하시는 것은 과연 무엇일까? 선교가 통합적인 삶이라는 것은 세속과 신성함 사이에서 믿음과 일 사이에서 지혜로운 삶이다. 그러나 이것이 결코 쉬운 것은 아니다. 슬프게도 오늘날 대부분의 그리스도인들은 전도를 하나의 과정, 하나의 행사, 하나의 활동으로 본다. 전도는 사람들에게 하나님의 사랑을 자연스럽게 노출시키는 라이프 스타일이다. "오늘 내가 네게 명하는 이 말씀을 너는 마음에 새기고 네 자녀에게 부지런히 가르치며 집에 앉았을 때에든지 길을 갈 때에든지 누워 있을 때에든지 일어날 때에든지 이 말씀을 강론할 것이며"(신 6:6-7). 이 말씀이 가르치는 바는 우리가 일상 속에서 하나님의 원칙을 선포해야만 한다는 것이다. 그 기회는 무한하다. 우리들의 행동으로서, 귀로서, 눈으로서, 목소리로서 하나님의 원칙을 선포할 수 있다. 편지, 성경, 기독교 서적이라든가, 생일 카드, 축제 인사, 단순한 쪽지, 점심시간의 대화, 병원 방문, 위기 순간에 안전함을 제공하는 등, 이 모든 것들이 사역의 도구들이다.

4. 일터사역의 내용들

일터사역에는 어떤 것들이 있는가? 일터의 일은 다양하고 그 수가 헤아릴 수 없을 정도로 많다. 일터에서 불신자들을 전도하고 제자화하는 것, 그들을 격려하며, 멘토링해 주고, 도와주는 것, 일터의 지도자들을 무장시켜서 자신들의 회사를 그리스도를 위해 운영하도록 돕는 것, 매일매일 거칠고 힘든 비즈니스 일과 신용의 문제에 대해서 성경을 어떻게 적용할 것인지에 대한 분별력을 갖게 하는 것, 일주일 24시간(24/7) 동안 어떻게 믿음을 지키는지를 배우고, 일과 가정과 교회를 어떻게 조화시킬 것인가에 대한 방법을 발견하도록 하는 것 등등 이루 헤아릴 수 없을 정도다. 이렇게 너무나 방대한 사역들을 이 책에서 다 취급하는 것은 무리라고 생각하는 저자는 보다 상세한 '일터사역의 내용'을 원하는 독자들에게, 다음의 '5. 일터사역의 범주들'에 나오는 사역단체들의 웹 사이트를 방문할 것을 권한다. 또한 이 책 말미의 '부록 7'에 나오는 일터사역의 다양한 영역들의 책자들과 일터사역 단체들의 '웹 리스트'를 활용하기 바란다. 아래의 몇 가지 내용들은 미국의 일터사역 전문가들이 제시하는 방법들이다.

1) 성공적인 직장 생활에 관한 성경의 가르침

① 무엇을 하든지 하나님을 위해 하라(고후 5:9; 엡 5:15-17; 골 3:17 참조).

② 불평하거나 다투지 말라(빌 2:14 참조).

③ 겸손하라(잠 11:2, 16:5; 빌 2:5-8 참조).

④ 말을 조심하라(잠 8:8, 10:19-21; 엡 4:29; 골 4:6; 약 3:1-12 참조).

⑤ 계속 배우라(잠 1:5 참조).

⑥ 정직(청렴)을 지키라(시 18:13, 26:11, 37:37, 41:12; 잠 2:7, 11:8 참조).

⑦ 열심히 일하라(잠 10:4, 21:5, 27:13 참조).

⑧ 좋은 조언을 구하라(잠 11:14, 13:18 참조).

⑨ 당신의 부로 하나님을 높이라(잠 3:9, 11:25 참조).

⑩ 자비를 베풀라(잠 11:17 참조).

⑪ 화내지 말라(잠 15:18, 16:32, 29:11; 골 3:8 참조).

⑫ 사람을 두려워하지 말라(잠 29:25 참조).[14]

2) 관계 형성[15]

① 부서의 사람들, 혹은 일과 관련되어 있는 사람들의 이름을 외워라.

② "어떻게 지내세요?"와 같은 익숙한 질문을 사용하고, 사람들의 관

심과 독특함을 발견하라.

③ 사람들이 고통을 당할 때의 욕구와 성공했을 때의 욕구를 인정하라.

④ 혼자 쉬거나 혼자 점심을 먹지 말라. 그 시간에 누군가를 초대하여 편안하고 밝은 분위기를 만들어라.

⑤ 자신이 흥미로운 사람이 되라. 지역적으로, 종교적으로, 국가적으로, 세계적으로 무슨 일이 벌어지고 있는지 읽고, 듣고, 관찰하라.

⑥ 네트워킹을 목적으로 만나든지 또는 자신의 관계성을 발전시킬 목적이든 간에 다양한 사람들을 만날 때 공동의 관심사 영역에 민감하라. 대부분의 사람들은 공동의 관심에(운동, 그림, 자녀, 가족의 뿌리, 혹은 새로운 소프트웨어) 대해 나눌 때 쉽게 대화한다.

⑦ 정기적으로 기도할 사람들의 목록을 만들어라. 사람들을 위한 기도는 당신에게 그들을 위한 마음을 주고, 그들은 당신의 사랑과 돌봄을 느낀다. 관계를 늘 진행시켜라.

⑧ 섬기고 사역할 수 있는 방법을 늘 모색하면서 관계를 형성하고, 관계를 성장-성숙시켜라.[16]

3) 복음 증거에 도움을 주는 10가지

① 당신이 증인이 되려 한다면 무엇보다도 먼저 자신과 하나님의 관계를 알아야 한다. 당신은 예수 그리스도를 자신의 구세주로 영접하였는가? 아직까지 영접하지 않았다면 지금 계신 그 자리에서 즉시 영접하기를 권면한다.

② 개인 간증문을 작성하라. 짧은 시간 안에 전할 수 있도록 자신의 영적 배경과 복음의 내용을 주의 깊게 선택하여 간결하게 기록하라. 개인 간증은 2분 내지 4분 이내에 할 수 있어야 한다. 설교를 하지

말고, 다만 사실만을 나누라.

③ 복음을 명확하게 나누는 체계적인 방법을 두세 가지 배우라. 믿지 않는 사람들에게 전하기 전에 먼저 그리스도인 친구에게 연습해 보기를 바란다.

④ 업무 중일 때에는 되도록 전도하는 것을 삼가라. 휴식 시간이나 점심 시간 등을 이용하면 예수님에 대한 이야기를 할 수 있다.

⑤ 같은 직장 사람들과 친분을 두텁게 하라. 잘 경청하는 자가 되어야 한다. 그들의 문제에 순수한 관심을 가져라. 그런 가운데서도 당신이 그리스도인이라는 사실이 알려지는 것을 꺼리지 마라. 그렇다고 사람들에게 억지로 복음을 듣게 하려고 강요하지도 마라.

⑥ 복음을 나눌 기회를 찾으라. 다른 사람들의 삶 가운데 일어나는 큰일이나 어려움에 대해 우리는 깨어 있어야 한다. 그럴 때가 그들이 예수 그리스도를 향하여 마음을 열기에 가장 좋은 시기가 될 수 있다.

⑦ 직장 동료들을 집에 초대하여 함께 식사를 하면서 대화를 나누라. 그들과의 사회적인 유대 관계를 적극 개발하라.

⑧ 다른 사람들을 섬기라. 늘 깨어 손으로 직접 도울 수 있는 기회를 찾으라. 일에 대한 짐을 덜어 주라. 가정에서 하는 일도 도와주어야 한다. 필요로 할 때에는 그들의 자녀들을 돌보아 주라.

⑨ 전도 목적의 성경공부를 위하여 당신의 집을 사용하라. 1주일에 1시간씩 4주씩을 한다든가 해서 단시간에 할 수 있도록 계획하면 된다.

⑩ 당신이 참여할 수 있는 행사에 참여하라. 많은 그리스도인들이 스스로를 세상에서 너무나 철저히 분리한 나머지 직장 업무를 떠나서는 전혀 동료들과 어울리지 않는 경우가 있다. 덕스럽지 못하거나 경건

치 못한 자리에 참여한다거나 행동 기준을 낮추는 것을 삼가야 하
지만 그들과 함께 있을 수 있는 기회를 만드는 것은 중요하다.[17]

4) 일터 내에서의 사역

① 돌봄

점심시간을 직원 또는 비즈니스 동료들과 관계를 형성하는 시간으
로 사용하라.

② 격려

동료들에게 기독교적 메시지 혹은 성경 구절이 쓰인 생일 카드, 신
년 카드를 보내라. 이 카드에 당신이 직접 메시지를 쓰고 사인을 하
라. 대부분의 성인들은 직계 가족 외의 다른 이들로부터 카드를 받
는 일이 거의 없다. 따라서 이들은 당신의 카드를 받는 순간 놀라
며, 고마워할 것이다.

③ 위로

위기의 시간들을(병, 이혼, 죽음 등등) 그리스도의 위로하심을 나누는
시간으로 사용하며, 카드를 보낸다든가, 병원을 방문하라.

④ 환대

레크리에이션, 저녁 식사, 친교 등을 위해 동료들을 집으로 초대하
라. 그들과 운동하는 시간을 가져라.

⑤ 친교

업무 시작 전에, 또는 점심 식사를 같이 하면서 하는 성경 공부 그
룹을 인도하라.

⑥ 감사

다른 사람이 당신을 조금이라도 배려했다거나 도움을 준 일이 있으

면, 그 감사함을 전하는 간단한 카드를 전하라. 그들이 만나는 사
람들 중 10%도 안 되는 이들만이 "고마워."라고 말한다.

⑦ 기쁨

당신 스스로가 긍정적 존재가 되어야 하며, 분명한 언어를 사용하
며, 부정적인 말, 흠잡는 말, 비판적인 말을 사용하지 말아야 한다.
관계 형성의 가교적 존재가 되라. 탄생, 결혼, 졸업 등의 기쁨의 시
간을 같이 나누어라.

⑧ 인내

당신이 위기와 압박을 받는 순간에 처했을 때 이것들을 잘 다룰 수
있는 특별한 영을 달라고 하나님께 구하라. 다른 사람들이 당신의
삶 속에서 다른 사람들과는 다른 것을 발견할 것이다.

⑨ 관심

자녀 문제로 어려움에 처한 친구의 이야기를 경청하고, 그에게 자
녀 양육과 훈련에 관한 책을 빌려 주고, 또는 당신이 그 문제 해결
에 적절하다고 생각하는 것은 무엇이든지 빌려 주라.

⑩ 전도

당신의 관리자, 판매인, 고객, 그리고 동료들에게 당신이 직장에서
성경적 원칙으로 일하고 있음을 알려라. 이것은 당신의 믿음을 공
개적으로 나눌 수 있는 환경을 제공한다.

⑪ 기도

당신과 자신의 문제를 나누고 있는 동료를 위하여 기도하라. 가지
고 다니기 편리한 조그만 노트나 카드에 기도 목록을 적어 놓고 운
동을 하거나, 걷거나 운전할 때 기도하라. 그리고 그 기도 제목들을
수일 안에 다시 체크하거나, 몇 주일 안에 업데이트하라.

⑫ 여행

동료와 함께 여행하는 때는(자동차 안이나, 공항에서, 식당에서) 인생의 중요한 것들에 대해 말할 수 있는 중요한 기회이다.

⑬ 경청

성령의 인도하심에 먼저 경청하고, 그 다음 주변인들의 말에 경청하라.[18]

5) 일터 내에서의 CEO 사역의 21가지 방법들

① 경영하는 회사가 우선적으로 지향하는 성경적 가치들을 문자화하여 이 가치들을 신입 사원들에게 가르치고 회사의 모임에서 이 가치들에 대해 말하라. 당신에게 그 가치들이 얼마나 중요한지를 몸으로 보여 주라.

② 근무 시간에 재정, 자녀, 결혼 등과 같은 주제들을 성경적 관점에서 다루는 세미나를 직원들에게 무료로 제공하라. 직원위원회에서 주제를 정하여 강사를 정하게 하라. 그러나 이 세미나에 불참했다고 해서 어떤 형태의 피해도 받지 않도록 하라. 세미나 참석은 옵션이지 의무가 아니어야 한다.

③ 최근의 시사들을 다룬 기독교 서적을 회사 내에 비치하여 언제든지 읽을 수 있도록 하라.

④ 직원들의 자녀들이 그리스도인 캠프에 참석할 수 있도록 참가비를 제공하라.

⑤ 세일 기간 중 혹은 연례 모임에 그리스도인 동기부여 전문강사를 초빙하라.

⑥ 사목(일터사역 전문가)을 고용하라.

⑦ 회사의 연회(공식적 회식)에서 기도하라.

⑧ 직원과 그 배우자에게 주말 가정세미나 참석을 제공하라.

⑨ 추석, 성탄절, 신년 등의 시즌에 회사와 관련된 모든 이들에게(공급자, 고객, 바이어, 직원, 경쟁자 등) 재치 있는 영적 메시지를 적은 카드를 보내라.

⑩ 가능하면 매달 직원들에게 편지 혹은 메일을 발생하여 최근 시사에 대한 자신의 견해라든가 개인적 도전을 알려라(직원의 배우자들이 매우 열심히 읽을 것이다). 성경적 기초로 작성하든지, 아니면 성경 말씀을 나누도록 하고, '설교'와 '종교적 언어' 사용은 피하라.

⑪ 성경을 눈에 쉽게 띠는 곳에 두고, 원하면 누구라도 무료로 가져갈 수 있음을 밝혀라. 그러나 성경을 가져 가게 하는 것에 있어서 선물이라는 단어를 사용하는 것과 (기독교적) 공휴일, 예를 들어 부활절, 추수감사절, 성탄절 등의 언급을 피하라. 종교적 선호에 따라 선물을 거절하는 사람도 있을 것이고, 기독교 공휴일들을 인정하는 사람도 있을 것이지만, 어쨌든 성경을 가져가기도 할 것이다.

⑫ 건전하고, 성숙한 그리스도인 CEO 모임에 매주 참석하라.

⑬ 직원들의 자녀들을 위해 어린이용 크리스천 서적을 제공하라. 직원들이 정기적으로 교회에 출석하지 않을 경우라도 그들은 자녀와 손자에게 이 책들을 읽어 줄 것이다.

⑭ 회사 이익의 일부를 사용하여 회사가 위치한 도시, 다른 지방, 혹은 해외 지역을 섬기도록 하라. 하나님께서 제공하시는 것을 자유롭게 나누어라.

⑮ 회사의 핵심 멤버들을 다른 비즈니스와 전문가 리더들과 관련된 평신도 컨퍼런스에 참석하도록 하라.

⑯ 직원 그룹을 만들어, 그들에게 유대 기독교 가치(Jude-Christian values)에 대해 공부하도록 인도하라.

⑰ 당신이 소득을 나누어 주어, 직원 스스로 아끼지 않고 자신의 미래
   를 준비하도록 도와라. 직원들에게 저축의 가치와 장기 투자, 그리
   고 복리 이자에 대해 가르쳐라.
⑱ 직원의 자녀들에게 장학금을 제공하고, 직원의 가족이 당신에게 우
   선적 존재임을 직원들이 알게 하라.
⑲ 당신과 거래하고 있는 이들과 당신과 회사의 가치를 나누라. 그들
   에게 성경을 전해 주면서 "이것은 비즈니스 원칙이 쓰인 위대한 책
   이다."라고 말하라. 그리고 시간을 투자하여 그들에게 긍정적인 복
   음 증거를 하라.
⑳ 당신 가족이 당신에게 우선임을 유지하는 선에서 당신의 오버 타임
   시간과, 여행 스케줄을 잡아라.
㉑ 종이 되라. 당신의 주차 공간을 포기하라.[19]

5. 일터사역의 범주들[20)

1) 일반적인 일터사역

'일터 내에서의 사역'과 '일터를 통한 사역'에 주로 집중하는, 비영리적, 비교회적 사역들이다.

① Business and Professional Ministry; www.bpnavigators.org
네비게이토가 지원하는 이 사역은 실업인과 전문인들을 제자화하는 사역이다.
② CiW(Christian in the Workplace)
③ Christ@Work(FCCI); www.fcci.org
FCCI는 그리스도인 비즈니스 소유자나 CEO들이 성경적 원칙으로 비즈니스하며, 성경적 원칙으로 자신들의 삶을 살도록 무장하고 격려한다. 이 목적을 이루기 위해 FCCI는 소그룹, 멘토링, 자료, 그리고 컨퍼런스를 제공한다.
④ CBMC; www.cbmc.com
70개국 이상에서 수십만 명이 CBMC에 참석한다. 과거의 CBMC는 'Christian Business Men's Committee'의 약자였지만, 현재는 'Connecting Business and Marketplace to Christ'의 약자이다. CBMC는 오찬 모임과 소그룹 성경공부 모임과 같은 행사들을 통해 모든 차원의 실업인들을 섬기는 조직이다.
한국 CBMC의 사역도 왕성하다. www.cbmc.or.kr를 방문하면 한국의 CBMC 사역과 관련한 다양한 정보와 프로그램을 얻을 수 있다.
⑤ CCA(Corporate Chaplains of America); www.iamchap.org

CCA는 공인 사목들을 통하여 일터를 돌보는 진정한 사역이다. CCA 사목의 사명은 노동자들에게 거부감 없는 방법으로 다가가 그들과 관계를 형성하고 예수 그리스도의 복음을 나누기 위한 것 이다.

⑥ Executive Ministries; www.execmin.org

이 사역은 그리스도인 중역들을 무장시켜 그들의 비즈니스 성공과 공동체의 탁월함을 이용하여 자신의 동료들에게 그리스도를 전하 고, 제자화시켜 그들도 동일하게 행하도록 하는 것이다.

⑦ FGBMA(Full Gospel Businessmen's Internationals); HIS Business Ltd.,

⑧ Henry Blackaby Ministries; www.henryblackaby.com

헨리 블랙커비는 그리스도인 CEO를 위한 전국적인 규모의 컨퍼런스 를 정기적으로 개최한다.

⑨ His Church at Work; www.hischatwork.org

이 사역은 지역 교회가 일터에서 활동하시는 하나님과 함께하여, 교 회의 목회자와 지역 교회가 교인들로 하여금 일터사역의 부르심을 이해하고 경험하고 성취하도록 돕는 것이다.

⑩ Integrity Resource Center; www.integritymoments.com

이 조직의 목적은 그리스도를 위하여 비즈니스와 사역 지도자들에게 성경적 자료들, 훈련, 그리고 상담을 제공함으로써 일터를 변화시키 는 것이다.

⑪ International Coalition of Workplace Ministries; www. icwm.net

⑫ Internationale Vereinigung Christlicher(IVCG, International Association of Christian Businessmen)

 일터 @ 영성

⑬ Lifestyle Impact Ministries; www.lifestylempact.com
켄트 험프리스 부부가 제공하는 자료 사역이다.

⑭ La Red Business Network

⑮ Ministry in Daily Life; www.ivmdl.org
InterVasity Press Marketplace Ministry의 노련한 일터사역 지
도자인 피트 해먼드가 발전시킨, 사용하기에 가장 완전한 웹 사이
트이다.

⑯ Marketplace Ministries; www.matketplaceministries.com
1984년에 시작한 Marketplace Ministries는 신앙인 종업원들을
돕는 프로그램으로서 세속 비즈니스에 사목 예배를 제공한다. 사
목들은 종업원들과 그들의 가족들을 돌보며, 미국 전역에 위치하는
고객 회사들을 상대한다.

⑰ Marketplace Network; www.marketplace−network.org
Marketplace Network는 주 사역이 그리스도인들에게 동기를 부
여하고, 그들을 무장시켜 일터에서 믿음을 적용하도록 하는 비영
리 단체이다.

⑱ Nehemiah Partners; www.nehemiah−partners.org
이들의 비전은 비즈니스와 사역 리더들과 전략적인 파트너십을 맺
어 미국과 전 세계의 일터 변화를 목적으로 상업적 영역에 성경적
벽을 재건하는 것이다.

⑲ Priority Associates; www.priorityassociates.org
Priority Associates는 CCC의 실업인 선교회다.

⑳ Selling Among Wolves Sales Seminar; www.sellingamon−
gwolves.com
Selling Among Wolves는 마이클 핑크가 가르치는 그리스도인 판

매 세미나로, 그리스도인들이 판매에 성경적 콘셉트를 적용하도록
돕는 탁월한 교육 워크숍이다.

㉑ Wise Counsel; www.wisecounselonline.com

Wise Counsel은 비즈니스 소유자들과 CEO들이 동료들과 매월
만나 자신들의 비즈니스와 일터에서 보다 탁월하고 효과적으로 그
리스도를 드러낼 수 방법을 대화할 수 있는 기회를 제공한다.

2) 일터사역 연합

일터사역이 발전함에 따라 일터사역 리더들이 상호 자원과 격려, 정보와
아이디어 교환과 합작 투자의 필요성을 강하게 인식하여 만든 연합체이다.[21]

3) 영리 목적의 일터사역 기업들

4) 그리스도인전문인협회, 유사집단과 동업조합[22]

5) 교회와 선교단체를 기반으로 하는 일터사역들

새들백커뮤니티교회, 윌로우크릭교회, 뉴욕 브루클린의 그리스도인문화센
터, 산호세의 Harvest Evangelism, CCC 등이 있다.

6) 학술기관들과 학술원 회원들[23]

7) 일터사역 활동들[24]

8) 일터사역을 돕는 조직들[25]

일터사역을 돕는 비영리 조직과 영리 조직들이 있다.

6. 제안

일터사역은 일터에 속한 모든 분들을 총체적으로 섬기는 일로 시작하
여, 이분들이 그리스도를 믿고, 그분께 온전히 헌신하게 하는 것이다. 이런
관점에서 볼 때, 일터사역은 아래와 같은 전략으로 진행되어야 한다.[26]

① 일터사역자와 그 팀은 어떤 상황에서도 '소금과 빛'의 삶을 살아야
한다.

② 성경적 원칙이 지켜지는 일터환경을 자연스럽게 조성해야 한다.

③ 종업원들의 문화를 선교 전략적으로 존중해야 한다.

④ 종업원의 사기를 높여 주어야 한다.

⑤ 회사의 모든 일들을 가능한 종업원들에게 개방하고, 종업원들 스스
로 자신들이 회사의 동반자임을 인식하도록 한다.

⑥ 가능한 종업원들의 이직률을 낮추어야 한다.

⑦ 이분들이 성경적 원칙이 지켜지는 일터환경에서 복음에 노출되는
기간을 3년 이상 되도록 하는 것이 매우 중요하다.[27]

1) '일터사역'은 전형적으로 집이라든가 교회 혹은 특별한 곳과 반대되는 세속적인 일터를 대상으로 하는 '전도' 혹은 '다른 그리스도인 활동'을 말한다. 또는 특별히 이러한 대상을 목적으로 하는 선교단체를 말하기도 한다. 1980년대 유사한 사역을 강조하던 그룹들이(예를 들어 the Christian Business Men's Fellowship) 사용하면서 알려진 이 용어는 이후에도 계속 사용되고 있다. 이 용어는 주로 전도적인 의미로 사용되지만, '일터를 주께로'라는 의미의 일터구속(marketplace redemption)의 의미로도 사용되고 있다.
　　일터사역이란 용어에는 '전도'가 포함되지는 않지만 '전도'보다 더 광범위하다. 이는 일터에서 하나님을 섬기고 갈망을 채울 수 있다는 사실을 말하는 것이다. 이로 인해 이미 일터에서 '전임 사역'을 감당하고 있는데도, 흔히 말하는 '전임 사역에 뛰어들지' 못해 죄의식을 품고 있는 이들의 죄의식을 없애 줄 수 있다. 그런데 이 용어는 일과 예배를 동일하게 취급하므로, 대사명과 문화위임에 혼동을 줄 수 있다는 비판이 있다. 그러나 성경에 사용된 히브리어 Avodah는 일, 소명, 예배로 사용될 수 있다. 보다 문자적으로 번역하자면, '예배의 정신으로 일하다.'로 번역할 수 있다. 『위키백과』
2) C. Neal John. *Business As Mission*, IVP. pp. 129-130.
3) 메리 화이트, 『당신의 직접 생존이냐, 만족이냐?』(서울: 네비게이토), pp. 69-70.
4) C. Neal John. *Business As Mission*, IVP. pp. 132-133.
5) 위의 책. p. 133.
6) 위의 책. pp. 106-111.
7) '통전적 선교'라고도 불린다. 이미 오래 전부터 신학이나 선교학의 영역에서는 '통전적 선교'라는 용어로 자리매김해 왔다. 그러나 사업가들 또는 비즈니스 선교사들과 만나면서, 이분들의 이해를 돕는 데에 있어서 '통전적 선교'라는 용어보다는 '총체적 선교'라는 용어를 사용하는 것이 훨씬 효과적임을 발견했다. 그래서인지, 근간에 특히 비즈니스 선교 영역에서는 '총체적 선교'라는 용어가 더 지배적으로 사용되고 있다.
8) 오스 힐먼, 『일터사역』, 조계광 역(서울: 생명의말씀사, 2007), pp. 116-117.
9) Kent Humphreys. *Last Investmens*. NavPress. pp. 71-85.
10) Kent Humphreys. *Last Investmens*. NavPress. pp. 101-103.
11) Tetsunao Yamamori/Kenneth A. Eldred, *On Kingdom Business*, Crossway, p. 284.
12) (일터로)와 　(믿음으로 그리고 일의 전문성과 경쟁력으로)는 이해를 돕고자 저자가 추가한 것이다.
13) 로버트 슬로컴, 『평신도 목회의 극대화』, 서병택 외 1인 역(평신도목회자연구소, 2004), pp. 191-204.
14) 헨리 블랙커비, 『시달리고 지친 직장인의 황금률』, 정의유 역(서울: 두란노, 2004),

    pp. 74-79.
15) 성공한 사업가이자 일터사역의 대가이며, 일터사역자가 되고자 하는 사업가들의 전
    세계적인 롤 모델인 켄트 험프리스가 제시하는 일터사역의 내용들이다.
16) Kent Humphreys, *Last Investmens*, NavPress, pp. 104-105.
17) 메리 화이트, 『당신의 직접 생존이냐, 만족이냐?』(서울: 네비게이토), pp. 68-73.
18) 위의 책, pp. 111-113.
19) 위의 책. pp. 108-111.
20) C. Neal John, *Business As Mission*, IVP, pp. 135-144.
21) - 일터사역 국제 연합, 조지아 주, 쿰밍 ;
    - Europartners, a formal association of European-based Marketplace
    Ministries in Wetzidon, Swiss;
    - 비즈니스 전문가 네트워크(Business Professional Network, BPN)
22) - Artists in Christian Testimony, 테네시 주, 브렌튼우드
    - Associates in Media, Burbank, California, a Campus Crusade for
    Christ(CCC) ministry that is led by members of the acting and screen-
    writing profession to the Hollywood film industry.
    - Association of Christian Hairdressers, 독일, 알테나
    - Association of Protestant Bookstores, 독일, 슈투트가르트
    - Athletes in Action, a CCC ministry, 오하이오, 쎄니아
    - Catholic in Media, 캘리포니아, 스튜디오 시티
    - Christian Association of German Train Employees, Remchingen, Ger-
    many
    - Christian Bakers Association, 독일, 슈투트가르트
    - Christian Legal Society, 캘리포니아, 파사데나
    - Christian Mail Association, 독일, Radevormwald
    - Christian Medical and Dental Association, 테네시 주, 브리스톨
    - Christian Police Association, 독일, Winterlingen
    - Fellowship of Christian Peace Officers, 테네시, 채타누가
    - International Fellowship of Christian Airline Personnel
23)- 예일대의 "Center for Faith and Culture"
    - 프린스턴대학의 "Faith and Work Initiatives"
    - Bekke대학의 "BAM 스쿨"
    - LA 소재의 비올라대학 Crowell School of Business의 신앙과 일의 통합에 목
    적을 둔 MBA 프로그램과 스티븐 런들(Dr. Steven Rundle) 교수가 이끄는 매 여
    름 중국 BAM 트립
    - 버지니아 소재, 리젠트대학의 "세계 리더십과 기업가정신" 대학원
    - 미국 애틀랜타 주 정부와 함께 하는 중국 천진 소재의 국제리더십계발(LDI)
    - InterVarsity Christian Fellowship의 'Ministry in Daily Life'(일터사역의 아
    버지로 알려진 고 피트 해먼드에 위해 조직되었다.)

　　－ 미시간 주 소재 그랜드래피즈(Grand Rapids)의 칼빈대학의 2주 여름 BAM 프로
　　그램(스티븐 런들 박사와 닐 존슨 교수가 특별히 그리스도인 비즈니스 학교 교수와
　　교회 리더들을 위해 디자인하였다.)
24) － ADF(Alliance Defense Fund), 애리조나, 스코츠데일
　　－ Amen, Inc, 조지아, 애틀랜타
　　－ 크리스천 커뮤니티 신용조합, 캘리포니아, 코바너
　　－ Counseling for Circus Employees, 독일
　　－ Faithworks Worldwide, 플로리다, 마이아미
　　－ Pacific Justice Institut, 캘리포니아, 시트로스 서커스
　　－ Institut Koinonia, 스위스
　　－ Weizenkorn, 스위스 바젤
25) － Business Reform magazine, 오하이오, ADF(Alliance Defense Fund)
　　－ Faith Works magazine, 플로리다, 잭슨빌
　　－ The Life@Work Journal
　　－ Global Opportunities
　　－ London Institut for Contemporary Christianity, 영국, 런던
26) Cross-cultural 하며 다양한 직종, 주 5일 근무 환경의 일터(태국에서 진행되었던
　　BAM 시역)에서 개종한 30명이 복음에 노출된 기간을 분류해 보면 다음과 같다.
　　첫째, 설교보다는 기독교적 원칙으로 일터의 모든 것들이 처리되고, 관리되는 것을
　　관찰한 후, 이들이 기독교에 관심을 가지고, 기독교에 개방적이 되었다.
　　둘째, 개종한 태국인 26명 중 22명이 자신들이 기독교인 된 주된 동기는 다른 기독
　　교인들의 삶을 관찰한 결과였다.
　　셋째, 태국의 불교도들이 예수를 따르기로 결정하기까지 250-300번의 복음 선포에
　　노출되었다(설교, 기독교인들과의 대화 등등).(Russell. pp. 194-195).
27) 선교-전도 전략적 일터에서 회심한 이들 30명 중, 아래는 근무 기간에 따른 회심
　　자의 수이다.
　　1.5 년 : 1명
　　2-3 년 : 3명
　　3-5 년 : 12명
　　5-7 년 : 9명
　　7년 이상 : 5명(Russell. p. 194.)

부록

부록 1. 일터사역

1. '일터사역'이란 무엇인가?

일터에서의 사역과 선교를 한 마디로 간략하게 표현할 수 있는 완벽한 용어는 없다. 이러한 이유로 우리는 'workplace'라는 용어와 'Marketplace'라는 용어를 번갈아 사용할 것이다.[1] 혹자는 'world of work'라는 용어를 사용하기도 한다. 닐 존슨의 정의에 따르면 일터는 "인간의 경제 활동이 이루어지는 광장(forum)"이다. 그리고 비즈니스 영역과, 각양 각종의 일터들, 또 경제와 그 영역에 있는 사람들에게 영향을 주는 지역적, 국가적, 국제적 차원의 "정책을 수립하는 포럼(forums)들"도 일터에 포함된다.

닐 존슨은 일터를 다음과 같이 묘사한다.

"(일터는) 지구상의 모든 사람들이 직–간접적이며 실질적으로 접촉하는 유일한 기관으로 전체 사회, 문화, 사람 집단에 스며 있으며, 역사 속의 모든 종교와 정치 시스템의 중심부에도 스며 있다."

이어 닐 존슨은 다음과 같이 기술한다.

"일터는 다양한 형태와, 맛과, 특성들로 구성되어 있고, 그 각각은 속해 있는 사람들과 문화를 반영한다. 거의 무한하며 서로 대조되는 이것들의 다양성을 상상해 보라. 마르코 폴로의 대 실크로드, 고대 그리스의 플라카 광장, 로마 제국의 광장, 오늘날의 월스트리트의 주식 시장, 프로랑스(피렌체)의 폰테 베키오 다리, 코룬의 상점들과 노점들, 시카고의 상품 시장들, 남경의 공장들, 런던의 피커딜리 광장, 도쿄의 긴자 거리, 산타페 시의 광장, 방콕의 수상 시장, 카자흐스탄 알마티시의 꽃시장, 브라질 론리나의 농부들의 시장, 우즈베키스탄 타슈켄트의 향신료 시장, 탄자니아 우루사의 시장, 페루의 쿠즈코, 멕시코의 후아레즈 시, 그리고 세계 구석구석마다 있는 벼룩시장과 암시장들. 이 모든 것들은 그 다양성에도 불구하고, 하나의 공통점이 있다. 그것은 생존을 위해 물건을 거래하고, 물물교환하고, 돈을 벌어서 부자가 되기 원하는 사람들, 세계적, 국가적, 지역적 그리고 개인적 차원에서 자신들의 삶을 변화시키려는 긍정적인 희망과 목적을 가진 사람들이 있다는 것이다."

변화에 굶주린 이들에게, 우리는 가장 위대한 변화의 대리인인 그리스도의 복음을 증거할 수 있기를 강력히 소망하고 있다.[2]

성경에 등장하는 일터는 어떤 모습일까? 소크라테스처럼, 바울이 대화하고 논쟁하면서 걸었던 고대 아테네의 아고라(행 17:16-19)는 일터/비즈니스, 대학, 그리고 철학적 논쟁이 이루어졌던 대학 도시(town and gown)

와, 성전과 우상들, 엔터테인먼트, 정치와 법정(예를 들어, 아레오바고[3]) 등
이 어우러진 일터였다. 중세의 일터에는 시청과 성당과 시장이 있었다.
현대의 시각적 실재들과 새로운 지배층 서사(the new master-narrative)[4]
혹은 지배적 언어(dominant language)[5] 등의 영향 속에서 이어져 온 서
양의 시장은 일터의 철학적이며 종교적인 면이 내재하고 있다. 동양에서
(그리고 서양의 일부) 불교도의 빵집 안에 사당이 있고, 또 무슬림들이 하
루에 다섯 번 모든 일을 중단하고 기도하는 것처럼 시장은 보다 노골적
으로 혼합적이다.

현대의 다양한 다문화적 정황 속의 '일터'는 보다 문자적-협의적이기
도 하고, 은유적-광의적인 경우도 있다. 일부 주류 세계의 시장에서는
일터라는 단어가 식품 시장에서 일하되, 중·상류층 사람들에게 멸시받
는 사람들을 의미한다. 10/40 창 지역에서, 복음에 노출되지 못한 이들
의 90%가 급속한 인구 성장으로 인하여 30-80%에 이르는 실직율과
불완전 고용으로 고통당하고 있는 현실을 충분히 이해하면서 우리는 일
터사역을 일터사역에 대한 포괄적인 용어로 사용할 것이다(비급여직에 종
사하는 사람들을 무시하지 않으면서…).

우리는 특별히 여성들과 자원봉사자들이 감당하고 있는 비급여 가
사 노동과 지역 노동을 인정한다. 또한 개발도상국으로부터 서양으로 세
계적인 두뇌유출이 이루어지고 있는 현실과, 모국과 가정에서 '간호 결
핍'의 원인이 되는 수백만의 보모, 가정부, 매춘부들의 '간호 고갈(care
drain)'에 주목한다.[6]

태국의 성 산업 중심지인 파타야(Pattaya)에서 로잔 모임을 가지면서,
인신매매, 특히 매우 어린 소녀들의 몸을 사는, 이 소녀들에 비해 나이
든 탐욕스러운 서양 남자들의 행위에 대한 유감을 감출 수가 없었다. 젊
은 여성들과 어린이들을 매춘의 소굴로부터 구출하여 비착취적이며, 유

급 노동과 교육이 제공되는 곳으로 이동시키는 일을 감당하고 있는 라합 프로젝트(The Rahab Project)와 같은 대안적 사역은 이러한 도덕적이며 윤리적인 문제들을 극복하는 필수 불가한 사역이다. 로잔의 마닐라선언서의 13번째 확언은 다음과 같다. "그리스도의 몸의 지체임을 주장하는 우리는 서로 협력하여 인종과 성과 계층의 장벽을 넘어서야만 한다." 이를 구체화하기 위한 일터사역은 모든 인종과 계층과 성에 대한 일터사역이다.

2. 로잔 2004년 포럼 영역에서의 일터사역

로잔과 광범위한 전도 운동의 영역에서 일터사역과 2004년 로잔의 총체적 선교 이슈 그룹, 텐트메이킹 이슈 그룹, 그리고 Business as Mission 이슈 그룹 등과의 관계는 무엇인가? 신학적으로 또 실제적으로 중복된 것이 분명히 존재하고 있다. 지금까지 이들 사이에 토론과 협력들이 있었지만, 더욱 더 많은 토론과 협력이 필요하다. 닐 존슨은 다음과 같이 평가한다.

"(총체적 선교를 제외한) 이들 세 진영들 사이의 구별은 대단히 분명하지 않으며, 이것들 사이의 경계도 모호하다. 그럼에도 각 진영은 일반적으로 다른 두 진영과는 독자적으로 운영되고 있으며, 또 세 개의 진영 모두가 교회(the ecclesiastical Church)에 대해 느슨하게 연합하고 있을 뿐이다. 각 진영에는 자체적인 연합체와 컨퍼런스, 보고서, 그리고 리더십이 있다. 만약 필요한 경우 진영들끼리 교류를 하지만, 그 경우는 극히 드물다. 그리고 서로 경쟁하는 진영 내에서 무슨 일이 이루어지는지에 대한 인식도 거의 없다."

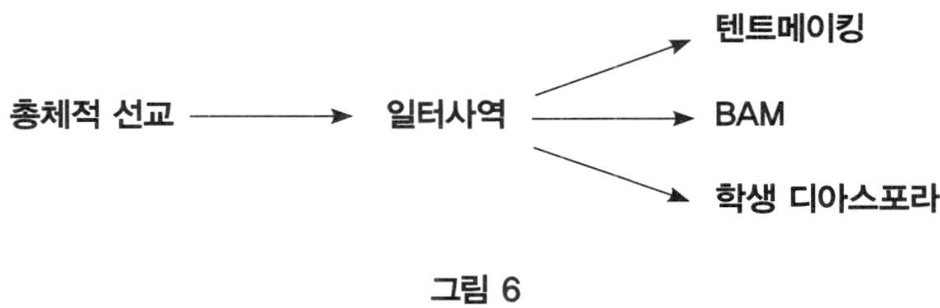

그림 6

'경쟁적' 그리고 '진영들'과 같은 어조와 용어들이 너무 강한 표현일 수도 있지만, 존슨이 혼돈과 경쟁을 아직 미성숙한 일터 선교 운동(들)의 필연적인 부산물로 본 것은 적절하다.[7] 그러나 우리는 이에 대해 만족해서는 안 되며, 로잔 2004의 시너지 그룹들에서 우리가 함께 한 모임을 보다 위대한 대화와 협력의 시작으로 보아야만 한다(성령과 일터의 역동성과 일치하지 못한 상태에서 하나의 거대 조직 혹은 운동으로 발전하지 않고).

총체적 선교는 모든 피조물의 세계에서 살아가는 모든 사람들에게 역점을 둔다.[8] 일터사역은 다른 사역들이 전문적 영역에 적용했던 견고한 신학적 토대를 재규정하여, 이를 일터의 전 영역에 적용한다. "약한 자들에게 내가 약한 자와 같이 된 것은 약한 자들을 얻고자 함이요 내가 여러 사람에게 여러 모습이 된 것은 아무쪼록 몇 사람이라도 구원하고자"(고전 9:22) 바울 계열과 정통적 선교사(모라비안, 윌리엄 캐리)들이 취했던 모델을 텐트메이킹은 선교지에(국내 혹은 해외) 접근하고 지원하는 방법으로 사용하고 있다. 논쟁은 있지만, 최고의 텐트메이킹 신학은[9] 직업과 사업 또 비사업 범위의 텐트메이킹 활동을 하나님을 영화롭고, 존귀하게 하는 사역으로 인정한다(롬 12:1-2; 고전 10:31). BAM은 그 이름이 가진 보다 광범위한 견해들을 포함하면서, 비즈니스 그 자체를 선교에 대한 수단만

이 아니라, 선교의 한 형태로 본다.[10] 텐트메이킹과 BAM은 다문화 환경에서 배타적이지 않으면서 보다 집중되는 경향이 있고, 일터사역은 국내적 환경에서 배타적이지 않으면서 보다 집중되는 경향이 있다. 우리는 또한 국제 학생 디아스포라 운동을 학생들에게 접근하여, 그들에게 위에서 다룬 전략적인 사역들을 준비시키고자 한다.[11]

3. 로잔 운동 안에서의 일터사역

1974년 태국에서 개최된 로잔 1974 포럼은 "우리에게 사람들을 보내 주소서."를 요구했고, 1989년 마닐라의 로잔 대회는 "우리에게 10/40 창을 보내 주소서."라고 요구했다. 우리는 지금, 포럼이 우리에게 다른 본질적인 선교 과제 중에서 일터사역을 보내 줄 것을 요구한다. 일터사역자들은 그동안 우리가 망각하고 있었던 위대한 사람들 집단에 속한다. 오늘날, 일터사역에 마음을 둔 많은 그리스도인들을 '10/40 창'과 같은 일터인 '9/5 창'[12]에 집중하고 있다.[13] 로잔의 창립자인 빌리 그래함은 "하나님께서 이루실 다음의 위대한 운동은 일터의 신자들에 의해 이루어질 것을 나는 믿는다."라고 하였다. '전체 교회'의 사역을 강조하면서 로잔의 마닐라 선언(제6항)은, "일부의 사람들이 목사와 교사와 전도자로 부르심을 받고 무장되는 반면에, 하나님의 모든 백성들은 증인으로 부르심을 받는다. 그리고 목회자에게 특별히 허락된 임무는 이 사역을 위하여 하나님의 백성을 무장하는 것이다."라는 사실에 주목했다. 로잔의 마닐라 선언(제6항)은 다음을 확언했다. "지역 교회를 통해서 뿐만 아니라 집과 일터의 우정을 통해서도, 여성과 남성 평신도들이 증거하고…우리의 첫 번째 책임은 이미 우리의 친구들과 친척들 그리고 이웃과 동료가 된 이들에게 증거하는 것이다."14)

일은 거룩한 소명이며, 일터는 대부분의 신자들이 자신의 작업 시간의 반을 소비하는 곳이다. 신자들은 입의 말과, 일관된 근면성과 정직함, 사려 깊음으로, 또 일터에서의 정의에 대한 관심으로서 그리스도를 추천할 수 있다.15) 하나님의 영광을 위해 완수된 일이 타인들의 기준으로 평가받을 수 있는데, 그렇다면 그리스도인은 행위로 증거하는 자이며, 말씀으로 복음을 표현할 수 있는 기회를 찾기 우해 기도하며 이를 모색할 필요가 있다.16) 만약 '일요일-월요일의 간격'과 세계 선교의 목적이 달성된다면, 일터 그리스도인의 이동은 필수불가결할 것이다. 전(前) 인터바시티의 일터사역부(InterVarsity's Marketplace Ministry arm)의 책임자였던 피터 해먼드는 로잔 II에서 다음과 같이 말했다. "하나님의 백성 중 90%가 움직이지 않는 것은 비성경적이며 차별대우를 받고 있는 것이며, 이는 우리의 세계 복음화 과업을 불가능하게 하는 것이다."

1989년 로잔 II 대회에서 제시한 사업가인 포드 매디슨(Ford Madison)의 비공식 조사에 따르면 당시 로잔 대회 참석자의 대다수가 평신도의 증거를 통하여 그리스도인이 된 이들이었다. 이는 또한 Australian Church Life Surveys에 의해서도 확인되었다.17) 리 위히(Lee Yih)는 목회자를 개구리로 평신도를 도마뱀으로 비유한다.

"이는 교회가 교회의 일을 착수하는 방법에 관한 것이다. 목회자들이 자신의 일을 평소대로 자신들(개구리들)에게로 가져간다. 목회자들이 복음을 설교할 예정이면, 설교하게 될 교회 혹은 홀이 예약된다. 반면 다른 사람들은 발을 질질 끌며 오합지중 속으로 간다…평신도들인 도마뱀들은 자신들의 일상 속으로 나아가, 이웃과, 친구들, 일 동료들과 같은 일반 대중들과, 자신들의 인생사를 같이 하는 동호회 친구들을 만난다…도마뱀들은 위협을 하면서, 그리고 늘 그들과 함께 하면서, 그리스도에 관해 말할 기회를 잡으려 한다. 이것이 진정한 전임 그리스도인의 사역이다.”[18]

일터사역은 지난 10년간 50% 이상 성장했음에도 불구하고, 아직까지 사역과 교회 사이에 간격이 남아 있다. 캐나다 YWAM의 마이크 맥루린(Mike MaLoughlin)과 ‘일에서의 양심적인 신앙(Scruples Faith at Work)’ 온라인 네트워크는 적절한 도전을 제시한다.

“교회의 결함, 일터사역을 앙모하는 전문 목회자, 그리고 일터에 있는 모든 신자들의 소명감과 임무감 결여를 지적하는 것은 ‘일터에서의 신앙 운동(Faith at Work Movement)’ 안에서는 인기 있는 스포츠가 되고 있다. 그러나 이 문제들을 지적하는 것이 쉬울 수는 있으나…해결책을 제안하는 것이 이 운동과 리더들의 의무이다…2004년 모임은 총제적인 전략의 부족함을 드러내기 시작한, ‘일터에서의 신앙 운동’의 기회이다.”[19]

<h1>주</h1>

1) 혼선을 피하기 위해 역자는 'marketplace' 뿐만 아니라 현재 유사한 뜻으로 사용하고 있는 단어들인 'workplace', 'job site', 그리고 'world of work' 등을 일괄적으로 '일터'라는 단어로 번역하여 사용할 것이다. 물론 오역의 가능성을 최대한 줄이는 선에서…. ―역자 주

2) C. Neil Johnson, "*Transformation to, within, and through the Marketplace*" in Luis K. Bush, ed., 교회와 선교의 통합본(Thailand: Forum for World Evangelization, 2004), p. 63-64. 그리고 n.46, p. 145-146을 보라.

3) 행 17:19, 22 ― 역자 주

4) 지배층 서사란 '지배층에 있는 자들의 입장에서 기록하고 설명하는 건국 신화라든가, 상황 해석을 말한다. 그러나 이에 반대되는 피지배층 서사(counter-narrative)의 입장에서 보면 건국 신화라든가 상황 해석은 결코 지배층 서사의 것과 같을 수 없다. 시장을 어느 시각으로 보느냐에 따라 시장에 대한 의미부여와 해석이 달라질 수 있는 개연성이 많으나, 서방에서는 작금의 시장을 '지배층 서사'적 입장에서 보는데, 이는 현재의 시장 논리로 보면 당연하다. ―역자 주

5) 영국 시사 주간지 《이코노미스트》는 '향후 100년 안에 지구상의 언어 90%가 사라질 수 있다'고 보도하면서 '지배적 언어(dominant languages)'의 지배력이 가히 상상을 초월하게 되었음을 실감한다고 말했다. 더구나 이 급속한 세계화 시대에 영어와 같은 지배적 언어의 영향은 이제 세계인의 삶에 강력한 영향을 끼치고 있음을 부정할 수 없다. ―역자 주

6) Barbara Ehrenreich and Arlie Russel Hochschild, ed., Global Woman: Nannies, Maids and Sex-Workers in the New Economy(New York: Metropolitan, 2003)를 보라.

7) C. Neil Johnson. *Transformation to, within, and through the Marketplace*, p. 68. 그리고 C. Neil Johnson, *Toward a Marketplace Missiology*, Missiology: An International Review XXXI: 1(Jan. 2003)를 보라.

8) 총체적 선교에 관해서는 C. Rene Padilla, *Transforming Church and Mission*(Thailand: Forum for World Evangelization, 2004) 그리고 개인, 사회, 피조물의 복음적인 총체적 변화를 강하게 강조하고 있는 Luis K. Bush, *A Unifying Vision of the Church's Mission*을 주목하라. 특히 Ch.5, Howard A. Snyder, Creation and Transformation: Salvation Means Creation Healed, Bush, p. 32-40을 보라.

9) Carey Baptist College의 Derek Christiansen 같은 이들이 주장했다. Auckland, New Zealand.

10) R. Paul Stevens, "The Marketplace: Mission Field or Mission?" Crux,

XXXVII: 3(Sept. 2001): p. 7-16을 보라.

11) 2010년에 출판된 닐 존슨의 책 *Business As Mission*에서, 그는 세 개의 진영을 네 개의 진영으로 확장시켰는데, 이전의 세 개의 진영들 중 학생 디아스포라 운동은 2010년 남아공에서 개최되는 로잔 대회에서 하나의 이슈그룹의 주제로 책정되어 연구·토의될 것이다. -역자 주

12) "그동안 기독교인들은 이른바 '10/40 창'이라 불리는 지역에 살고 있는 불신자들을 복음화하는 일에만 전념해 왔다…하지만 사람들을 그리스도께로 인도할 수 있는 또 하나의 창문, 즉 '9/5 창'은 '10/40 창'에 못지않은 기회의 창이다." 오스 힐먼, 『일터사역』, 조계광 역(서울: 생명의말씀사, 2007), p. 103. 오전 9시-오후 5시까지의 일터 영역이야말로 전도와 선교의 최전방일지도 모른다. 2008년 출판된 오스 힐먼의 The 9 to 5 Window: How Faith Can Transform the Workplace는 매우 유용한 책이다. - 역자 주

13) 오스 힐먼, *God in the Workplace: Reaching the 9 to 5 Window*, on the International Coalition of Workplace Ministries website.(http://www.icwm.net/articles_view.asp?articleid=935).

14) Lausanne II Manila Manifesto, paragraph 6-www.lausanne.org에서 가능하다.

15) 오스 힐먼은 기독교 신앙으로 일터를 변화시키고 있는 일터 증인의 네 가지 자질을 발견했는데 ① 탁월한 업무능력 ② 순전한 인격 ③ 사랑과 섬김 ④ 표적과 기사 등이었다. 오스 힐먼, 『일터사역』, 조계광 역(서울: 생명의말씀사, 2007), pp. 61-73 -역자 주

16) Alan Nichols, ed., *The Whole Gospel for the Whole World*(Lausanne/Regal, 1989), p. 117-118.

17) Mission under the Microscope(National Church Life Survey, (1995), p. 87.

18) Nichols, ed., *The Whole Gospel*, p. 49-51.에서 모두 인용했다.

19) 다음의 그의 이메일을 보라. 'Faith at Work Movement Lacks Strategy', 25th April 2003-discus@scruples.net citing his 'Back to the Future of Missions', www.scruples.org. 중국선교(China missions)지의 Randall Kilgore이 답신에 쓴 인사 글을 참조하라. "하나님께서는 교회를 공격하기 위한 토대를 만드는 운동을 승낙하지 않으실 것이다. 일/신앙 사역들은 한결같이 이런 죄를 지어 왔고, 아직 일부는 남아 있다. 사실, 개인적으로 일하는 그리스도인들 역시, 일터를 이해시키고, 무장시키기 위하여 일터를 교회로 이끌어 가야 하는 자신의 역할을 인지하지 못하고, 간혹 이런 죄를 범한다."

부록 2. 일터영성

"영성은

모든 상황과 모든 업무, 모든 관계와

그리고 매일의 순간 속에서

하나님의 임재와 목적을 발견하고,

이에 응답하는 것이다."

오늘날 복음주의 영역을 지배하는 영성은 현실과 일상으로부터 '물러섬'과 '이탈'이라는 수도원적 관행들에 의해 크게 주도된다. 이 영성으로 인해 그리스도인들은 자신의 일상적 삶, 특히 일터에서의 삶이라는 자신들이 처한 실제와 정황을 하나님의 임재와 거의 연결시키지 못하고 있다. 일반적으로 이 영적 환경을 지배하는 문자와 이미지는 물러남, 포기, 침묵, 홀로 있음, 묵상, 침착함, 고요함이다. 반대로 일터를 지배하는 문자와 이미지는 이것들(물러남, 포기, 침묵, 홀로 있음, 묵상, 침착함, 고요함)과는 정반대이다. 이로 인해 소위 말하는 '영적' 영역과 일의 세계 사이에 한심스러운 이분법이 비극적으로 존재하는 것이다.

'영적' 영역	일터 - 일의 세계
물러남	개입함
홀로 있음	공동체
침묵	소음
고요함	움직임
침착	혼돈
단순	복잡
묵상	다중 작업
질서	무질서
중심으로 향함	흩어짐
집중	분주함
진지한	익살스러운
조용함	소리 지름

'매순간마다' 일상의 대부분을 일터에서 보내는 그리스도인들이 일터를 이탈하지 않고서, 그 현장에서 하나님의 임재를 인식하고, 이에 응답할 수 있는 영성의 모델들이 필요하다.

1. 일상의 중심에서 하나님 발견하기

어니스트 보이어 주니어(Ernest Boyer Jr.)는 『가정에서 하나님 발견하기』라는 자신의 책에서 두 개의 합리적이며 상호적인 영적 모델을 제시하고 있다. 보이어는 그중 하나를 '가장자리의 영성' 또는 '사막의 영성'이라 부른다. 이는 금욕주의자들과 초기 수도원 공동체, 그리고 가사와 일터 그리고 도시 생활에서의 판에 박힌 헌신에서 물러나서 하나님과의 친밀함과 복종을 양성하기 위해 홀로 있음의 장소와 홀로 있음의 삶의 방식을 택한 사람들이 시작한 영성 모델이다.

두 번째 모델은 보이어가 '중심부의 영성'이라 부른 것으로 일상의 일에서 이탈하지 않고 그 중심에서 하나님의 임재를 추구하는 영성이다. 이 중심부의 영성은 하나님의 임재와 목적을 만나는 장소로서 일의 요구와, 그 기쁨과 도전들로 가득 찬 일터영성이다. 이 영성은 하나님께서 성찬의 자리에도 계시듯이, 일터의 자리에도 심오하게 임재하신다는 확신에서 나온 영성이다. 이 영성은 성령이 주일 예배의 공간에 표현된 은사 속에 임재하듯이, 월요일 일터에서 사용된 은사 속에서도 성령이 임재한다는 확신에서 나온 영성이다.

물론 이 두 개의 영성 모델이 각각 추구하는 것들이 서로 배타적이라는 것이 아니다. 그리스도인들에게는 가장자리에서의 시간과 일상에서 물러나서 하나님을 깊이 만나는 데 끊임없이 몰두하는 시간인 '홀로 있음'의 시간과 일상에서의 '피정(retreat)'과 '묵상과 기도'를 위한 시간이 필요하다. 만약 우리가 이와 다른 방법을 제안하면 이는 성경의 증거와 역사를 통해 지속되어 온 기독교회의 경험을 무시하는 것이 된다. 예수님께서도 사막과 산에서 아버지와 함께하기 위한 시간을 애써 가지셨다. 어떻게 우리가 이와 다를 수 있겠는가? 그러나 모든 그리스도인들은 –생의 대부분을 수도원이나 사막 공동체에서 살아가는 사람들까지도– 가장 기본적인 수준에서 중심부의 평범하고 세속적인 삶에 종사하는 것이 일상이 되어야만 한다. 모든 그리스도인들은 다음과 같은 질문을 받을 수 있다. "당신이 부르심을 받은 영성의 영역은 가장자리인가, 아니면 중심부인가?”

오늘날까지도, ‘가장자리’에로의 부르심을 받아 ‘홀로 있음’과 ‘침묵’과 ‘훈련받은 중보기도’에 매일 헌신하는 사람들이 있다. 예를 들어, LA 근교에 담으로 둘러싸인 ‘카르멜리테(Carmelite)’라는 작은 수녀 공동체가 있는데 이곳에서 수녀들은 매일 정해진 침묵과 기도를 하며 살아가고 있다. 수녀들은 하루의 대부분을 LA 시를 위해 끊임없이 중보하는 데 헌신하고 있다. 우리는 이러한 소명을 높이 평가해야만 한다. 그러나 대부분의 평범한 그리스도인들에게 이것은 일상과 너무 동떨어져 있다. 이들 그리스도인들에게 하나님의 부르심은 주로 삶의 중심과 일상의 일들, 그리고 매일의 도전과 일터를 포함한 매일의 처소에 대한 부르심이다. 우리는 가장자리로 향하는 시간을 계속 모색하며, 이를 계획할 필요가 있다. 그러나 이 시간들은 우리 일상의 작은 부분에 해당할 것이지만, 그러나 이것도 흔치는 않을 것이다. 평범한 그리스도인들에게 도전은 일터로부터 이탈되지 않고, 일터의 한가운데서 하나님의 임재를 분별하고 응답하는 법을 발견하도록 할 것이다. 만약 그리스도인들에게 이를 분별하고 응답할 수 있는 영적 무장이 되지 않았다면, 그렇다면, 타인들이 하나님과 함께 하는 무대의 중앙에 있는 동안에, 이들 그리스도인들은 자신의 삶의 대부분을 영적 방관자로서 살아가게 될 것이다.

일터에서 하나님의 임재를 찾으려 애쓰는 이들이 선한 회사에 소속되어 있는 것은 참으로 가치가 있다. 우리가 성경을 대충 읽어 보더라도 예수께서는 일터와 이웃, 그리고 주거지에서 일생의 상당 부분을 보내셨음을 발견할 수 있다. 예수께서 성전과 회당 혹은 사막과 산과 같은 ‘가장자리’인 ‘신성한’ 장소에도 더러 가셨지만. 평범하고 세속적인 곳을 더 많이 방문하셨다. 그곳에서 예수는 누룩 비유와, 잃어버린 아들로 인해 슬퍼하는 아버지, 이웃을 잔치에 초청하는 남자, 씨 뿌리는 농부 등 대

부분의 일상적인 일과 직업, 장소 그리고 사업의 상황을 예로 들면서 신
자의 삶에 대해 반드시 말씀하셨다. 이와 같이 지금도 일상의 일 속에서
하나님 나라의 경이로움이 계시되고 있다.

2. 성육신적 영성

　복음주의 전통에서 회심은 영성을 향한 필수적인 출발점이다. 일반
적으로 영적 건강을 특징 짓는 아래의 세 기준들로 신앙 여정의 시작을
평가하는데, 이 세 가지는 새 회심자에게 실시하는 '회심 후' 상담에 좋
은 기준이 된다.

　　① 매일 성경 읽기와 기도를 시작하기
　　② 성경을 믿는 교회를 찾아 출석하기
　　③ 누군가에게 자신의 결정을 말하기

　우리는 이 세 가지를 '피정', '교회', '전도'라고 부를 것이다. 일반적으
로 회심자가 성숙을 향해 성장해 가면, 이 세 가지의 기준들은 복음주
의가 모든 신자들의 영성을 진단하는 데 있어 결정적인 요인들이 된다.
이 세 가지 활동들이 건강한 영성에 필수적인 것은 분명하지만, 소위 건
강한 영성을 추구한다는 영적 수행이 이들 세 가지 활동들 중 하나라도
결여된 것이라면, 결국은 그것을 포옹하지 않는다는 점에서 우리는 이
모델이 근본적으로 부적절하다고 믿는다. 일, 레크리에이션, 수면, 쇼핑,
우정 쌓기, 가족과의 삶, 음식 먹기, 출퇴근 등의 활동, 즉 보통의 그리
스도인들이 하루에 감당하는 그 많은 일들이 하나님의 임재 안에서 살

아가는 것과 무슨 관계가 있는가?

아래의 그림에 나와 있듯이 이러한 영성 모델은 하나님을 제일 상층에 두고, 하나님과의 관계를 양성시키는 주된 중재 활동으로 교회 활동과 피정, 그리고 전도를 지정하고 있다. 이외에 다른 모든 활동들은 이차적인 의미에서만 영성과 연결될 수 있다. 이 모델은 네 가지 점에서 부적절하다.

첫째, 이 모델은 하나님의 초월성 혹은 하나님의 타자성(otherness)－가장자리에 계신 하나님－을 강조하여, 삶의 중심부에 계신 하나님의 임재를 말하는 데 실패하고 있다.

둘째, 이 모델은 너무나 많은 교회 활동과 프로그램 속에 영성을 위치시키고 있다.

셋째, 만약 이 활동들이 영성의 세 가지 주요 기준들 중 하나에 대한 합당한 근거를 제시한다면, 이 모델은 매일의 활동들을 영성에 적절한 것으로 인정한다(예를 들어, 레크리에이션 영역에 해당하는 배구의 경우 교회의 배구팀으로 활동하는 경우에만 영적인 생활로 인정되며, 시간의 경우도, 가족과 함께 하는 식탁의 시간만 영적 생활의 한 부분으로 인정받으며, 역시 피정의 경우에 있어서도 성경 읽기와 기도와 같은 활동들만 영적 생활로 인정받는다).

넷째, 이 모델의 영성은 '인간의 영역을 벗어나거나 넘어서서 하나님의 영역으로 점진적으로 움직이는 과정이다.'

피라미드 모델

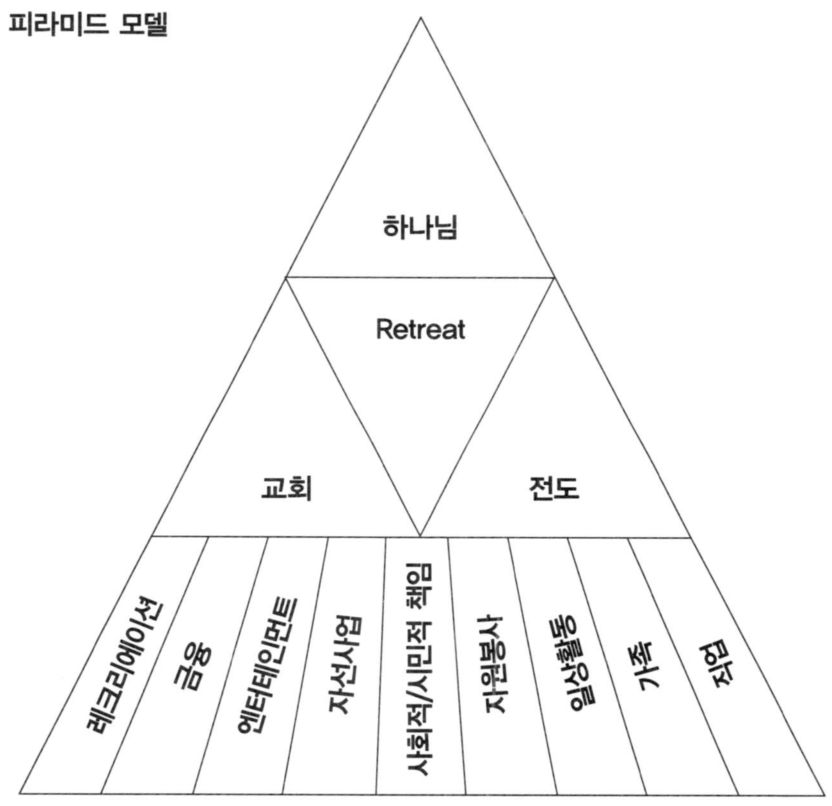

분명 일터를 위한 영성 모델은 여러 관점에서 다르게 보일 것이다.

첫째, 일터를 위한 영성 모델은 하나님의 임재에 대한 성육신적 이해를 분명 더 많이 공론화할 것이다. 물질세계를 떠나 계시거나, 이 물질세계에서 멀리 떨어져 계시지 않으시면서, 육체를 입고 인간의 경험의 중심부로 오신 그리스도 안에서, 우리는 하나님을 경배한다.

둘째, 일터를 위한 영성 모델은 교회의 모이는 삶에 의해 양성되는 영성임에는 틀림없지만, 그렇다고 이 모델이 교회의 모이는 삶에 의해 제한

되거나 억제될 수는 없다. 분명 성령은 하나님의 모이는 백성들의 삶 속에 깊이 존재하지만, 성령은 결코 교회의 소유가 아니다.

셋째, 일터를 위한 영성 모델은 모든 영역에서의 일상 경험 속에도 동등하게 존재하시는 하나님의 임재에 대해 응답하는 모델임에 틀림이 없다. 우리는 범신론의 실수들에 대해 경계해야 하긴 하지만, 아버지의 창조 사역, 아들의 성육신 사역, 그리고 성령의 변화 사역을 통하여 삶의 모든 영역이 하나님의 임재를 잠재적으로 계시한다는 사실을 확신할 수 있다.[1]

넷째, 일터를 위한 영성 모델은 인간의 영역을 넘어서거나 벗어나는 점진적인 운동을 요구하지 않는 영성이어야만 하며, 하나님께서 그곳에 심오하게 임재하심을 믿으며, 삶의 중심부를 향해 보다 깊숙이 헤치고 들어가는 영성이어야만 한다.

우리는 성육신적 영성 모델을 다음과 같이 설명할 수 있다.

① 성육신적 영성 모델은 삶의 중심부에 계신 하나님의 임재를 확신한다.
② 성육신적 영성 모델은 지금까지 영적인 것으로 인정받지 못했던 삶의 많은 과제들과 역할 그리고 삶의 정황들에 대해 새로운 존엄성을 인정한다.
③ 성육신적 영성 모델은 교회와 피정과 전도의 영적인 중요성을 계속해서 인정한다.
④ 성육신적 영성 모델은 우리가 삶의 모든 영역에서 하나님을 찾을 때, 보다 완전히 하나님을 알게 될 것을 상기시켜 준다.

3. 실제적인 제안

성육신적 모델

　이 영성의 모델을 명심하면서, 하나님 백성의 모이는 삶과 흩어지는 삶, 이 양자 간에 존재하는 일터 영성을 양성하기 위한 실제적인 방법들을 제안한다.

1) 하나님 백성의 흩어지는 삶

　그리스도인들은 하나님을 만나고자 하는 기대감을 품고 집회에 참석한다. 우리 복음주의자들은 예배와 성경 읽기와 설교라는 일반 관행을 통해 하나님의 임재를 발견하고 응답할 수 있도록 양육을 받아 왔다. 또 우리는 하나님을 만나려는 분명한 기대감으로 매일 경건의 시간과 영적 피정에 임한다. 그러나 하나님을 만나려는 기대감을 가지고 컴퓨터 단말기, 작업대, 또 집안일에 임하려는 태도는 비정상적인 것으로 여겨지는 것이 현실이다. 마이클 프로스트(Michael Frost)의 책『눈을 넓게 떠라』(*Eyes Wide Open*)는 일터에서 하나님의 임재를 발견하고 경험하기 위해서는, 일반적으로 영적으로 여겨지지 못하는, 새 안경과 새 기술들과 그리고 (사무실과 업무 속에서 우리가 하나님의 임재를 증거할 수 있게 하는) 언어가 필요하다는 사실을 우리에게 알려 준다.

(1) 일터 그리스도인들은, 우리들이 일반적으로 '가장자리'의 활동으로 인정하고 있지만, 실은 보다 일상과 근접해 있는 활동들을 영적 훈련으로 이해할 필요가 있다. 이 영적 훈련이 일상 속에서 의도적으로 실행되어, 이를 우리가 그리스도를 닮게 하는 활동으로 이해할 수 있다면, 우리는 우정을 키우고, 서비스를 베풀고, 인내하고, 자신의 가족을 위해 필요품을 제공하고, 공동체를 세우고, 음식을 나누고, 주의 깊게 들어 주고, 세세한 것에 신중하게 배려하는 등의 활동들을 새롭고 관대한 방법으로 포용할 수 있다.

(2) 자신들의 일이 하나님의 일을 반영한다는 사실을 알게 되면, 일터 그리스도인들은 그 일들을 영적으로 귀하게 수정할 수 있다. 창조자, 공급자, 구속자, 재판관, 건축가, 정원사, 치료자, 교사, 화해자, 관리자 등, 하나님이 하시는 일 중 일부를 경청하며, 자신이 일을 성찰하면 이것이 곧 하나님의 일과 연결되는 것이다.

(3) 일터 그리스도인들은 유사 직종의 전문가들 혹은 유사 영역과 동맹을 맺음으로 일터에서 하나님의 임재를 말하고 응답하는 데 지원과 협력을 모색할 수 있다. 일터에서의 영성은 홀로 실습하는 것이 아니라 공동체를 추구하는 영성이다.

2) 하나님 백성의 모이는 삶

하나님 백성의 모이는 삶은 일터를 하나님 임재의 장소로 개편할 수 있다.

(1) 매일의 삶의 경험을 주일 예배의 경험으로 승화시킴으로. 창조적 예전, 증거, 현수막들, 그리고 공공 기도를 통하여, 그리스도인들로 하여금 성전에 들어가면서 그들의 일하는 삶을 문가에 두기보다는 예배 중에 하나님께 드리도록 격려할 수 있다.

(2) 일터의 기술과 은사를 기념함으로. 제단과 성찬에 우리가 일하는 삶의 상징들을 위임하거나 배치하는 행위를 통해, 하나님 백성의 일하는 삶이 하나님께서 제정하신 사역임을 확언할 수 있다.

(3) 책임감을 행할 수 있는 장소와 관계를 규정함으로. 일터에 있는 그리스도인들이 일터에서 중요한 윤리적, 도덕적, 관계적 도전에 직면하듯이, 모이는 공동체 역시 관계적 도움과 공동체의 분별력을 제공하는 기회와 책임을 가진다.

(4) 일터에서의 삶에 적절한 설교와 가르침을 제공함으로. 성경에는 하나님 백성의 일하는 삶에 대한 적절한 이야기와 가르침으로 가득 넘친다. 그러나 아직도 직접적으로 도움이 되는 방법으로 성경적 가르침을 주는 설교는 정말 거의 없다. 이에 변화가 필요하다.

(5) 일터에 목회적 지원을 제공함으로. 작업 중인 그리스도인들을 방문하여 그리스도인들이 행하고 달성하는 것에 대해 진심어린 관심을 표현함으로써 목회 지도자는 귀중한 방법으로 일터 그리스도인들에게 힘을 부여할 수 있다.

(6) 교회에서 일터로 흩어짐으로. 교회의 모이는 삶과 관련된 사람

들을 일터로 흩어지게 함으로써 가정 교회와 소그룹들은 이상적으로 배치된다. 학교 교사들에게 강의를 듣고 난 후, 또 과학자들이 실험을 마친 후, 그리고 영업 사원들이 사무실을 떠난 후의 흩어짐으로 통해 모이는 공동체는 그리스도인의 모든 일이 하나님 나라에 대해 중요하다는 확언을 할 수 있다.

분명 일터영성이 장려되고, 확언될 수 있는 다른 방법들도 있다. 그러나 일터영성이 장려되고 확언된다고 할지라도, 이는 평범한 그리스도인의 행복과 교회와 복음의 목적을 이루기 위해 실행되어야만 한다.

1) 하나님의 창조는 삼위일체적 사역이며(창 1:26), 구속사역 또한 삼위일체적이다(골 1:13-20). 성부 하나님은 주로 창조사역에, 성자 예수 그리스도께서는 화해사역에, 성령께서는 변화와 완성사역에 관련하여, 삼위일체적 사역을 완성하신다. 일터사역 역시 삼위일체적이어야 한다. ─역자 주

부록 3. 일터 친화적 교회 만들기

1. 서문

세상에서 믿음으로 살아가는 하나님의 백성들이 어떻게 효과적으로 무장되고, 지원받느냐에 따라 교회의 미래가 결정될 것이다. 이러한 선교적 도전에 대처하기 위해 교인들을 무장하고, 지원하는 등의 중요한 역할을 지역 교회가 감당한다. 그러나 세상 속에서 하나님의 나라를 확장시키고자 하는 비전은 단지 지역 교회의 성장 그 이상이다. 지역 교회의 성장만으로는 세상에서 효과적인 선교를 촉진하는 비전으로 충분하지 못하기 때문이다. 그러나 주일 모임을 넘어서 주중 사역을 강조하는 데 있어 사역의 우선순위, 자원의 할당, 그리고 관행을 구체화하는 사역 모델에 중요한 변화를 요구할 것이다.

일부의 목회자들을 포함한 그룹으로서, 우리는 주일 행사들을 의미 있게 이끌어야만 한다는 거대한 압박감 때문에 주중 사역에 우선순위를 두기가 쉽지 않다. 이미 과중한 기대로 압박을 느끼고 있는 교회 지도자들에게 또 다른 기대감을 주어서는 안 된다. 대신에, 사역들을 효과적으로 분담하여 교회에서뿐만 아니라 세상에서도 총체적 삶을 살 수 있게 하려면, 교회의 리더들과 교인들을 자유롭게 하는 기대치의 변화가 필요하다. 이 비전으로 인하여 우리가 흥분된 것은 사실이지만, 이것이 무엇을 의미하며, 어떤 것이 연루되어야 하는지에 대한 명확한 규정을 현재 모색 중이다. 우리는 일터사역에 대한 도전들에 관한 의견 제시와 그 전략적 행동을 겸손히 제안한다.

2. 일터사역을 방해하는 관행과 인식들

(1) 지역 교회의 성장이 주일 예배 참석자 수로 평가되고 있는데, 이는 보다 광범위한 하나님 나라의 관점과는 반대가 된다. 따라서 지역 교회에서는 하나님 나라의 결과·열매를 볼 수 없다.

(2) 교회는 일요일 중심적인 경향이 있다. 대부분의 자원과 에너지가 주일 예배를 성공적이게 하는 데 집중되고 있는데, 이런 현상은 대부분의 사람들이 살아가는 일터의 주중(일요일을 제외한) 6일을 위한 사역을 방해한다.

(3) 교회 안에서 그리고 교인 사이에서 운영되는 사역만을 인정하며, 예배 시간에 이 사역을 위해 기도하는 것이 관례적이다.

(4) 많은 봉사자들이 매달려서 프로그램들이 계속 운영되도록 하는 활동들로 교회의 달력을 가득 채우는 교회도 있다. 이 활동 속에서 교회 지도자들과 교인들은 각각 다른 기대를 가질 것이다. 바쁜 일터 사람들은 이런 기대들을 채우는 데 실질적인 어려움을 겪을 수

도 있다.

(5) 이미 일에서 압력을 받은 교인들은 교회를 휴식의 장소로 여기며, 일터에서의 일보다 편하고 쉬운 사역을 택할 것이다.

(6) 한 예에 따르면, 감당해야 할 사역의 책임에 대해 긴장을 풀고 행복해 하는 교인이 있는 반면에 이들을 '이끌어 가면서' 과한 자부심으로 치명상을 입는 목회자도 있다.

(7) 비교회적 환경에서 최근에 일해 본 경험기 없는 목회자들은 일터에 존재하는 압박과 가능성들을 거의 이해하지 못하거나 잘못 이해할 수도 있다.

(8) 자기 인식이 부족한/교육 수준이 낮은 교회지도자들에게 인도받기를 꺼려하는 전문가들이 있을 수 있다.

(9) 전문가와 일터 리더들로 인해 위협을 받는 목회자들도 있을 수 있다.

(10) 이중직 목회자(세상일도 하고 교회사역도 하는)들은 일터의 이슈들에 대해 탁월한 능력을 드러낼 수는 있지만 이들이 시간의 압박에 눌리는 것은 불가피하다.

(11) 회사에서 적절치 못하게 복음을 증거하는 그리스도인들로 인해, 일터에서 자신이 그리스도인임을 밝히기를 꺼려하는 이들이 있다. 그리고 광신적 그리스도인으로 인해, 또 수준 이하의 행동하는 그리스도인으로 인해 일터에서 그리스도인의 이미지가 이미 엉망이 된 경우도 있다.

(12) 복음주의적 교회들은 윤리와 관련하여 이원론적 입장을 취한다. 이들은 회의실 윤리보다는 침실의 윤티에 더 관심을 갖는 것처럼 보인다.

(13) 찬양은 노래를 통하여 사람들이 신학에 동화되도록 하는데, 극소

수의 찬양만이 일터와 관련된 주제를 택하고 있고, 그나마 그중에 어떤 곡들은 가사가 도움이 되지 못하고 또 곡조도 형편이 없다.

3. 교회가 일터 친화적이 되도록 돕는 제안들

(1) '성-속 분리'의 문제를 제기하고, 이에 관련된 영화와 예술, 문학에 대해 토론하라.

(2) 삶 전체를 통한 사역을 강조하는, 예를 들어 끌어들이는 모델(사람들을 교회로 이끌어 가는)보다는 선교 모델(세상을 향해 나가는)을, 그리고 '모이고 흩어지는' 하나님의 백성을 말하고 있는 말씀과 구절을 찾으라.

(3) '회심시키고', '머물게 하기'보다는 '훈련시켜', '내보내기'를 모색하는 교회 모델과 비전을 택하라. 적절히 비유하자면, '교회는 물고기 산란장이지 수족관이 아니다.'

(4) 교회 지도자들을 도와 일터에서 살아가는 사람들을 무장시키고[1] 지원하는 사역에 우선순위를 두도록 하고, 이를 위해 이들의 책임 소재를 어디에 두어야 할지를 연구하라.

(5) 삶 전체를 통해 사역에 집중하는 것은 주일학교에서도 배울 수 있어야만 한다.

(6) 목회자와 평신도가 사역을 분담할 수 있도록 교회를 조직화하라.(물론 일을 하려면 한도 끝도 없지만) 담임목사 혼자서 사역하는 경우는 해야 할 일 외의 일은 삼가야만 한다.

(7) 목회자들이 일터에서 사람들이 직면하는 도전들을 이해하도록 도와야 한다.

- 목회자들은 교인들의 일 관련 상황들을 인지하고, 도움을 주기 위해 그들의 일터를 방문해야만 한다.

- 일터 방문 기간 중에 설교보다는 목회자가 교인의 어려운 상황을 이해하고 공조하는 입장이 강조되어야만 한다.

(8) 목회자는 일터 집단의 방향과 진로를 주도하고 결정하기보다는 일터 집단의 구조를 허락하고 격려해야 한다.

(9) 일 년에 한 번은 '일터사역 주일'로 정하여, 그 주간은 교인들이 교회 외부에서 활동하도록 하라. 대안으로, 작업연도의 시작에 처한 사람들이 해야만 하는 일을 도와주는 주간을 정하라.

(10) 선교사들, 목회자들, 전문가를 섬기는 사람들, 사업가들, 장-상인들 등을 포함하여 타 직종의 크리스천들에도 사역을 위임하라.

(11) 일터의 기술과 은사를 축하하는 한 방법으로 일의 상징들을 예배 시간에 가지고 와 작업하는 교인들의 삶도 하나님의 사역임을 확신하게 하라.

(12) 일의 세계에 있는 크리스천 롤 모델을 찾아서 알려라. '신앙과 일에 대한 상(Faith & Work Award)'을 제정하여 수여하라.

(13) 교회 예배 시간 동안

- 일터의 경험을 짧게 간증할 사람을 초대하라.

- 일터와 전문가의 윤리 사이에 연관성을 다루는 드라마를 상영하라.

- 교회가, 어머니들과 실직자들을 포함하여 일하는 사람들을 위해 보다 의미 있게 기도할 수 있도록 이 사람들을 다루는 비디오를 상영하라.

- 교인들이 크리스천 컨퍼런스에 가지 않고, 비즈니스 여행을 간다 할지라도 그들을 위해 기도하라.

(14) 시간 관리, 개인 예산과 스트레스 관리에 관한 과정을 포함하는 제

자훈련 커리큘럼을 디자인하라.

(15) 예를 들어, 부패와 같은 비즈니스 상의 도덕적 딜레마를 토론하기
위한 적절한 포럼을 찾아라.

(16) 일과 삶 성경공부(Word and Life Study Bible)와 Bible@Work Bible
Studies를 사용하라.

(17) 일터 설교 자료와 목회자를 도울 수 있는 응용 자료(남아공의 산업국
에서 사용하는 것과 같은)를 만들어라.

(18) 미디어 채널을 창의적으로 사용하라. 예를 들어 전문가의 윤리 등
을 다루는 텔레비전 프로그램을 만들어라. 홍콩의 FGBM과 함께
하는 CBN는 공인의 삶에서 존경받는 사람들과의 인터뷰를 특색
있게 다루는 "행복한 남자들의 클럽(Happy Men's Club)"이라는 프로
그램을 진행한다.

1) 일터의 현장에서, 단지 1%의 영적 잠재력만을 발휘하고 있는 수백만의 그리스도인들에게 만약 50%의 영적 잠재력을 발휘할 수 있도록 흔을 실어 준다면, 이 지구상에 엄청난 영적 능력이 역사하게 될 것이다. 매일의 삶 속에서, 모든 사람들의 사역이 다시 한 번 교회의 생명력을 불러오는 원동력이 될 것이다.(로버트 프레이저, 『마켓플레이스 크리스천』, 장도희 역(서울: 순전한나드, 2007), p.44). ―역자 주

부록 4. 일터교육 : 신학교육을 다시 구상하기

"모든 교회가 전 세계에 전(全) 복음을 전하는" 도전에 대처하기 위해 필요한 것은 현재의 신학교육의 형식을 재구상하는 것이다. 신학교육의 기존의 모델들은 대부분이 "세상에서 물러남"을 강조하는 명상적인 모델들로서 배움의 경험적 양식과는 정반대이다. 기존 모델은 사회적, 정치적, 경제적 차원에서 세계의 이슈들을 다루기는 하나, 일의 세계를 다루는 경우는 거의 없다. 이 현상은 신학의 특성과 역할을 모호하게 할 뿐만 아니라, 세상 속에서 교회의 증거의 효과성을 손상시켜 왔다. 신학은 실제적이며 사회를 섬기는 것이어야 한다.

1. 정황

공식적인 신학교육이 이루어지고 있는 세계의 정황적 특성은 지난 세기 동안 심오하게 변하여 왔다. 20세기 내내 경제는 최고의 위치를 점하였고, 존재하지 않았던 세상에 대해 학습자들이 무엇인가를 준비하였다고 느낄 정도로 우리 삶에 영향을 주었다. 그들이 발견한 '실제 세계는' 스트레스와 예측 불가능성, 복잡함, 모호성 그리고 발전하는 기술 등으로 만연해 있다. 우리는 사역이 진지하게 이루어지는 정황적 실체들을 취하여, 이에 따르는 교육적 추구를 구체화해야 할 필요가 있다.

신학교육의 세 가지 정황들은 학문, 교회, 그리고 사회이다.

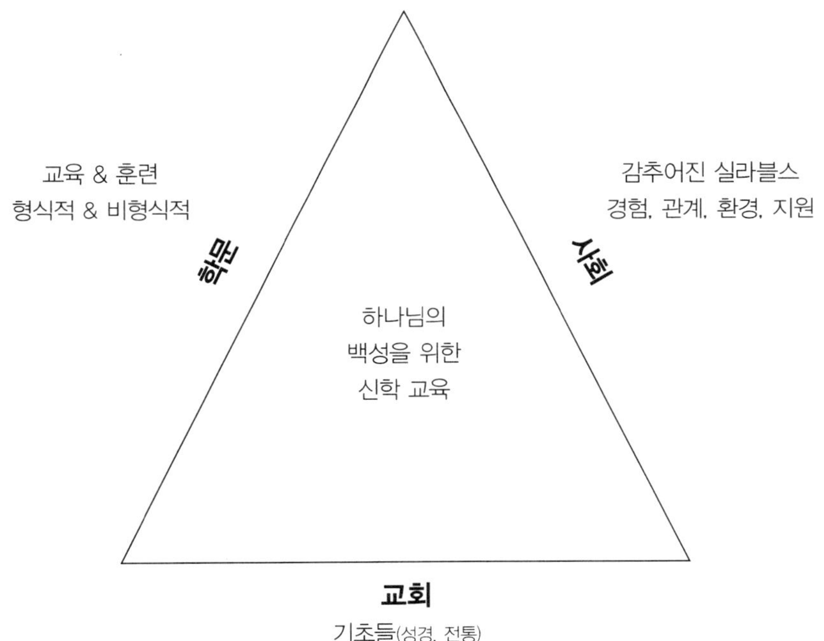

그림 9

2. 방법론

공부를 끝낸 학생들은 자신들의 작업 환경 세계에 있는 다른 그리스
도인들을 돕기를 기대한다. 그러나 자신들이 배운 과정에서 훈련받지 못
한 일들이 주어지는 경우도 있고, 우리의 훈련방법들은 학습자들에게 요
구되는 역할을 감당할 수 있도록 그들을 적절하게 무장시키는 데 실패
하는 경우도 있다.

우리는 신학교육에 접근하는 데에 있어서 너무 시각이 편협해져 있으
며, 익숙한 환경에서 위안을 받으며, 교회관 중요시 여기는 좁은 시각을
채택하고 있다. 또 우리는 지역 교회의 정황을 위한 배움을 강조하며 전
통적인 신학적 주제에만 집중한다. 우리는 교회 외부에 대한 섬김을 고
려하지 않고 지역 교회 안에서의 사역에 관해서만 가르친다. 우리는 작
금의 세계에 적용할 수 있는 것을 가르치기보다는 역사적 관점에서 전통
적인 신학적 주제에 접근하고 있다.

또한 학문적 스타일의 배움을 너무 강조하고, 외부 기간이 정한 인증
요구와 학습 과정에 요구되는 기간을 채워 주어야만 하는 문제들과, 또
이 스타일 자체가 가지고 있는 특별한 위험들이 발생하게 되었다. 게다가
능력별로 가르쳐야 할 모든 학습을 하나의 학문적 프로그램으로 합병하
는 것은 현실과 동떨어져 있다.

공식적 교육을 위한 자금 지원 역시 결정적인 이슈이다. 자금 지원
은 프로그램의 방향과 새로운 프로그램들의 추가 여부를 결정할 수 있
다. 대부분의 학교에서는 일터의 프로그램을 새로운 프로그램으로 취급
하고 있다.[1]

신학교육의 영역은 인증 기반의 학습보다 더 광범위하다. 신학교육은
살아 있는 교회 경험을 포함해야만 한다. 우리가 이전에 배운 것을 지워

버리는 칠판과도 같이 사람들에는 역사라든가 배경이 없는 것처럼 사람들을 취급해서는 결단코 안 된다. 예수께서는 사람들에게 답을 주시기 전에 늘 질문을 하시면서, 경청이야말로 신학교육의 출발점임을 가르치셨다.

3. 내용

사람들의 작업 시간의 70%는 자신들의 일터에서 이미 정해진 활동을 하는 데 사용된다. 이런 점에서 일터의 실체들을 신학훈련에 포함시키는 것은 절박하다. 그러나 이러한 절박한 실용적인 것들을 제공해야 하는 학교는 자신들이 처한 한계상황을 들어 이를 외면하는 경향이 있다. 기독교 증거와 사역이 이루어지는 일터의 복잡한 특성을 미루어 볼 때, 중요한 것은 극단적으로 단순화한 배려보다는 포기하는 것이 적절하다는 것이다. 이를 위해 일터 내에 있는 중간(meso) 차원, 거시적(macro) 차원, 그리고 미시적(micro) 차원 등, 세 개의 차원들을 인식할 필요가 있다.

(1) 중간 : 신학교육은 학습자들을 거대 신화(큰 이야기)의 영역에서 또는 세계관의 영역에서 도와야만 하는데, 이 영역에서는 일의 신학적 이해를 소명, 사명 그리고 예배 등으로 발전시키는 것과 같은, 일터의 해석을 위한 독특한 성서-신학적 뼈대가 드러난다.
(2) 거시적 : 신학교육은 구조적 영역에서 학습자들을 도와야만 하는데, 이 영역에서는 세계화, 빈곤, 일자리 불안 등과 같은, 일터에 충격을 주는 보다 광범위하고 보다 복잡한 세계적 실체들이 드러난다.
(3) 미시적 : 신학교육은 개인적 관계영역에서 학습자들을 도와야만 하

는데 이 영역에서는 윤리적 딜레마, 갈등 상황들, 욕구적 문제들, 차별대우 등등 노동자들과 그들의 일 그리고 일터의 환경 사이에서 이루지는 보다 특수하며 개인적인 역동성이 드러난다.

기존의 신학훈련은 위의 세 개의 차원들을 과소평가한다. 극단적으로 보자면, 이 세 개의 차원들이 전혀 중요하지 않은 것으로 하찮게 여겨질 수도 있으며, 한 영역이 다른 두 영역의 가치를 압도하는 관심을 받을 수도 있다. 신학교육 모델의 재구상화에서는 위의 세 차원들 간 균형이 잘 이루어지도록 하는 작업이 포함되어야 한다.

4. 적용

'신앙과 일' 포메이션(formation)은 다양한 방법으로 발전한다. 비공식적인 '보다 가벼운' 학습에서 공식적인 '보다 중량감 있는' 학습까지. 신앙과 일의 구성이 학습을 목적으로 청중에 의존하는 적절한 전달 채널과 커뮤니케이션 스타일의 평가를 받아들이게 되면, 이 구성은 그 특유의 도전들을 제공한다. 즉, 다른 곳에 있는 신학교육 프로그램의 범위 내에서 일터에 있는 도전들을 드러내기 위한 단계를 밟아야 한다. 아래는 가능성 있는 실천(일터사역을 위한 제도적 지원) 모델들이다.

(1) 싱가포르/하와이: 학개리더십과정협회(Haggai Institute leadership courses)
(2) 싱가포르: 신학성경대학원, 제자훈련센터
(3) 캐나다: 리전트대학교(Regent University)

(4) 호주: 맥쿼리크리스천연구소(Macquarie Christian Studies Insti-
   tute), Cornerstone, 사독 기독교와 사회를 위한 연구소(Zadok
   Institute for Christianity and Society)

(5) 미국: 풀러신학교, 고든콘웰신학교

(6) 필리핀: 아시안신학교, 아시안크리스천연구소

(7) 남아공: Pat Kelly Bible College, Industrial Ministry of
   South Africa, Beyers Naude Centre for Public Theology
   at the University of Stellenbosch(South Africa)

(8) 인도네시아: SAPPI 인도네시아 성경과 농업 대학

(9) 아르헨티나: 카이로스연구소(Kairos Research Centre)

(10) 영국/아르헨티나: 카이로스연구소(Kairos Research Centre), 런던
   현대기독교협회(London Institute for Contemporary Christianity)

(11) 뉴질랜드: 뉴질랜드성경대학(Bible College of New Zealand), 캐리
   침례교대학(Carey Baptist College)

(12) 다국적 단체들

– 복음주의교사단체(Evangelical Teachers Fellowship)

– 복음주의의료협회(Evangelical Medical Fellowship)

– 복음주의전문가협회(Evangelical Professionals Fellowship)

– 국제일터사역연합(International Coalition of Workplace Ministries)

– 비즈니스네트워크(Business Networks)

(13) 기타(연구기관)

– 호주: (모나쉬대학, Nov 2004, Barry Rogers) 멜버른의 앵글리칸 교구
   내에서 '안수의 심리학적 영향'과 초기 '안수 후 훈련'의 조사, (멜
   버른의 앵글리칸 교구) 평생 사역의 개발

– 교구의 과제 그룹 보고서 회의

신학교육을 다시 구상하는 데 있어서, 아래의 이유들로 인해 위의 모델들은 전략이 풍부하다.

① 우리는 일터 중심(World of work orientation)을 핵심 기반(core plat-form)으로 제도화해야 한다.
② 우리는 계속 교육을 지지하여 실행화해야만 한다.
③ 우리는 일터의 다양한 차원들에 관심을 집중해야만 한다.
④ 우리는 일터 이슈들을 위해 특별히 자금지원이 집행되도록 해야 한다.

※ 도전들을 극복하기 위한 제안들

① 모듈이 적용되는 것이라면 무엇이든지, 일터 이슈들을 커리큘럼과 관련시켜 사용할 수 있으면서 문화적으로 개작할 수 있는 예들과 사례 연구들을 모아 출판하라.
② 일터 이슈(신학과 실천)에 초점을 맞추는 '전문적' 모듈을 채용하라.
③ 일터사역을 위하여 일터 그리스도인을 훈련시킬 수 있는 리더 양성 코스를 개발하라.
④ '전문적' 모듈을 제시할 수 있는 발표와 포럼을 개발하라(소유주들을 격려하는 단기 과정).
⑤ 인증기관의 이사들을 격려하여 이들이 '일터'를 하나의 주제로, 그 다음은 '자격증 발급'으로, 그 다음은 '학위 수여'로, 그 다음은 '명인(masters)'으로 격상시키는 일을 적극 고려하도록 유도할 수 있는 든든한 사업계획을 개발하라.
⑥ 일하는 사람들의 시간과 다른 헌신 등을 고려하여, 인텐시브 과정

과 단기 코스, 저녁반, 통신 학습, 온라인 학습 등, 이들에게 적절한 학습 과정들을 디자인하라.

⑦ 일터 그리스도인들이 일터에서 발생하는 상황들에 대해 포괄적인 관심을 집중할 수 있도록 비학점 단기 과정들을 개발하라.

⑧ 멘토, 윤리학자, 촉진자들이 그러하듯이, 기술 나눔을 통하여 일터를 제도적으로 지원하라.

⑨ 전략적 질문을 요구하는 마케팅 접근을 채택하고 다음의 질문들에 답할 수 있는 사업과 전달 계획을 수립하라. 우리의 대상 청중은 누구인가? 그들은 어떻게 생각할까? 그들에게 가장 적당한 전달 경로는 무엇인가?

⑩ 일터의 해결책을 조장하고 전달하는 데 있어서 미디어와 기술적 자원들을 보다 효과적으로 사용하라.

5. 심화 탐구를 요구하는 질문들

① 목회자가 비교회적 일터에서 안식년을 지내려면 반드시 권위 있는 허락을 받아야만 하는가?

② 모든 목회자들이 일터사역을 하는 교인에게 강의 기회를 제공하는 등, 일터 이슈에 대해 개방하고, 투명하다고 확신할 수 있을까?

③ 목회자에게 교회의 일 경험뿐만이 아니라, 세속적인 일 경험을 요구할 수 있을까?

④ 목회자와 평신도의 역할을 다시 구상할 필요가 있을까?

주

1) 신학교에서 일터에 관한 학과를 공식적으로 개설하려면, 이를 감당할 수 있는 자금 지원이 무엇보다 중요하다. 늘 자금난에 허덕이는 대부분의 학교들의 현실에서 보면, 참으로 요원하다. ―역자 주

부록 5. 일터에서 증거하기

"이 세상에서 우리 그리스도인은 전도에 필수불가결한 존재다."라는 전도에 대한 로잔 언약의 정의는 일터에서의 복음 증거의 중요성을 강조한다. 우리는 일터에서의 전도를 전통적으로 일터 내에서 회심자를 설득시켜 그리스도께로 인도하는 것으로 이해하고 있다. 일반적으로 사람들은 일 그 자체를 복음을 선포하는 일에 비해 상대적으로 덜 중요한 것으로 생각한다. 그러나 우리가 일을 중요한 것(복음 선포)과 덜 중요한 것(일 자체)으로 분리하게 되면 일터에서의 복음증거사역을 대단히 방해하게 되는 것이다. 결국 이러한 현상은 정직성 결핍과 문화명령(창 1:28)을 경시함으로 발생하게 된다.

대신에 이 이슈 그룹은[1] 삼위일체적 접근을 추천한다. 이 방법은 일과 일터에서 믿음의 일관된 실천을 통해 말과 행실로 복음을 충분히 선포하고 증거하는 것이다. 우리의 일을 위한 존재로서 우리는, 하나님의 선한 창조물들을(창 1:26; 사 43:7) 지혜롭게 다스림으로써 하나님의 영광을 나타내도록 아담에게 주어진 문화명령을 수행한다. 일을 통하여 말과 행실로서 복음을 선포함으로(벧전 3:15; 골 4:6), 우리는 하나님의 아들, 죽었다가 다시 살아나셔서 우리에게 죄와 죽음의 권세로부터 자유롭게 하는 새 방법을 제공해 주신 예수 그리스도께 영광을 올린다(마 5:13a; 고후 2:15-18; 롬 12:1-2). 일터에서 언행일치와 정직하게 믿음을 실행함으로써 우리에게 생명을 주셔서(롬 8:11) 일에 남다르게 노력하게 하시고(딛 2:9-10), 하나님의 부르심에 합당한 삶을 살도록 하시는(엡 4:1) 하나님의 영(행 1:8)께 우리는 영광을 올린다.

그리스도인의 인품(Presence)과 복음 선포(proclamation)와 복음적 삶의 실천(practice)은 일터에서 다원론과 박해의 도전에 대처하는 수단들이다. 다원론적인 일터에서 우리의 일하는 방법을 통하여, 우리는 바른 평판을 얻어야 한다(벧전 2:11-12; 고전 9:19-22; 요 17:14-15). 박해의 기간에 우리의 믿음이 시험을 받게 될 것인데(요 15:18-20; 딤후 3:13), 만약 우리가 박해와 시련을 믿음으로 이겨 낸다면, 이는 복음을 들었지만, 복음이 실제적으로 행해지는 것을 보지 못했던 사람들에게 강력한 증거가 될 것이다(벧전 1:6-7).

우리가 '인품'과 '선포'와 '실천'을 통해 증거하면 제자를 결실로 얻게 될 것이다(마 28:18-20). 이렇게 생겨난 제자들에게는 하나님을 신실하게 섬기기 위한 수단으로 '일터 모델'이 필요하다(빌 4:9). 하나님의 말씀을 일과 관련된 상황에 적용하고자 하는 목적으로 조직한 일터의 소그룹은 새로운 제자들에게 도움을 줄 것이다(히 10:25). 일터는 일터 그리스도인들이 회심한 일(converted work)을 증거하는 곳이며(골 3:24), 이곳에서 신자들은, 돈이 아닌, 돈과는 상이한 하나님을 섬긴다는 증거가 되어야 한다(마 6:24; 히 13:5). 지역 교회들의 연합은 목회 사역에 새로운 일터 제자들을 제공하여, 공동체 안에서 그리스도의 몸을 세우게 될 것이다(갈 6:10).

결론적으로, 일터에서의 증거는 특히 경제 세계화의 정황 속에서 세계복음화의 필수적인 요인이다. 구체적이지 못하게 구현되는 복음의 진리는 완전한 것으로 인정받을 수 없다. 예수께서 당신의 세상을 위해 육신을 입으시고 오셔서 하나님이 사랑을 실체적으로 드러내셨듯이 일터의 신자들도 이 세상을 위해 그렇게 살아야 하는 것이다. 바울이 지적했듯이 우리는 "이는 너희가 흠이 없고 순전하여 어그러지고 거스르는 세대 가운데서 하나님의 흠 없는 자녀로 세상에서 그들 가운데 빛들로 나타내며 생명의 말씀을 밝히는" 자녀인 것이다(빌 2:15-16).

주

1) 2004년 로잔 포럼의 'Issue Group on Marketplace Ministry'을 말한다. ―역자 주

부록 6. 일터선언

(1) 우리는 6일 동안 일하셨으며, 자신의 일에 만족하셨던 작업자 하나
    님을 믿는다.

(2) 우리는 하나님께서 물질을 좋아하심을 딛는다.—하나님께서 물질을
    만드셨고, 그것을 선하다고 하셨다.

(3) 우리는 하나님께서 당신의 형상대로 우리를 천사보다 조금 낮은 이
    세 동역자로(as junior co-workers) 만드셨음을 믿는다.

(4) 우리는 하나님께서 타락 이전에 인간에게 주신 일을 즐기시며 축복
    하심을 믿는다.

(5) 우리는 하나님께서 우리에게 이 땅을 개발하고, 관리하고, 보존하고,
    지키는 고귀한 통치권을 주셨음을 믿는다.

(6) 우리는 타락이, 신과 같은 지식을 욕망하며, 창조자가 아닌 피조물을
    경배하면서, 자신이 마치 신인듯 통치하고 일함으로서 하나님의 부르
    심에 불복종한 인간으로 인해 발생한 결과임을 믿는다.

(7) 우리는 땅이 저주를 받았기에, 일 역시 지금은 수고이며 고된 노동이며 헛된 것임을 믿는다.

(8) 우리는 하나님께서 계속 창조하시며, 우리를 축복하시고, 우리에게 선한 일을 주시고, 노아에게 주신 창조 명령을 새롭게 하심을 믿는다.

(9) 우리는 기적과 가르치심과 비유들, 그리고 무엇보다도 십자가를 통해 인간과 세상을 재창조하시고 구속하시는 말씀(the Word)이자 작업자(the Worker)이신 아들(the Son)을 믿는다.

(10) 우리는 예수께서 창조 위임을 이루시는 참 인간이자 왕으로서 하늘과 땅의 모든 권세를 가지신 분이심을 믿는다.

(11) 우리는 우리가 제자 삼은 이들에게 이 땅에 대한 왕적 통치권을 회복하라고 가르칠 수 있도록, 예수께서 당신의 권세를 우리에게 위임하심을 믿는다.

(12) 우리는 우리가 그리스도의 임재를 초대하고, 일과 창조의 모든 영역에 대한 그분의 통치를 선포하라는 부르심과 위임을 받았음을 믿는다.

(13) 우리는 성령의 새롭고 선한 창조의 탄생을 고대하며 소망의 하나님과 성령님이 일터가 허망하게 되는 것과 '노예와 해산'의 신음을 복종시키셨음을 믿는다. 창조하고, 재창조하는 성령의 은사와 열매는 교회 안에서 실행될 뿐만 아니라, 모든 일상과 일을 통하여 모두 피조물에게 넘쳐흘러야 한다.

(14) 우리는 우리가 기다리고 재촉하는 새 하늘과 새 땅에는 정의가 머무르며, 또 모든 피조물이 치유되는 하나님의 나라에서 영원히 기쁘고 창조적인 일을 하면서, 우리가 그리스도의 통치를 받게 될 것임을 믿는다.

일터 제목 목록

1. 기초 신학(교회론)

1) 하나님의 백성이 우선인가, 아니면 교회가 우선인가?

- Cole, G. "The Doctrine of the Church", in B. G. Webb, *Church, Worship and the Local Congregation*(Homebush: Lancer, 1987).
- Congar, Yves. *Called to Life: A Study for a Theology of Life*. Crossroad, 1987.
- Droel, William L. and Gregory F. Augustine Pierce. *Confident and Competent: A Challenge for the Lay Church*(reprint, ACTA Publications, 1997).

- Faivre, L. *The Emergence of the Laity in the Early Church.* Paulist, 1990.
- Gibbs, Eddie. *Church Next: Quantum Changes in How We Do Ministry*(Downers Grove IL: InterVarsity Press, 2000).
- Guder, Darrell. *The Continuing Conversion of the Church*(Grand Rapids, MI: Wm.B. Eerdmans, 2000).
- Nash, Laura and Scotty McLennan, with Scotty McLennan. *Church On Sunday, Work On Monday: The Challenge of Fusing Christian Values with Business Life*(Jossey-Bass, 2001).
- Preece, Gordon. "The Public People of God", *Evangelical Review of Theology*(Oct 2000).

2) 모이고 흩어지는 교회

- Guder, Darrell. *Be My Witnesses: The Church's Mission, Message and Messengers*(Grand Rapids, MI: Wm.B.Eerdmans, 1989).
- Hillman, Os. *Faith@Work: What Every Pastor and Church Leader Should Know*(Aslan Press, 2004).
- Humphreys, Kent. *Lasting Investments: A Pastor's Guide for Equipping Workplace Leaders to Leave a Spiritual Legacy*(Navigator Press, 2004).
- Hunsberger, George. *Bearing The Witness of the Spirit: Lesslie Newbigin's Theology of Cultural Plurality*(Grand Rapids,MI:

Wm.B.Eerdmans, 1998).

- Stott, John R. W. *One People, Helping Your Church Become A Caring Community. Leister*(UK: InterVarsity Press, 1968).
- Thwaites, James. *The Church Beyond the Congregation*(Authentic Media, 2002).

2. 일 신학 / 소명 분멸

1) 소명 신학은 충분한가?

- Banks, Robert. *Redeeming the Routines: Bringing Theology to Life*(Victor, 1993).
- Hardy, Lee. *The Fabric of This World: Inquiries into Calling, Career Choice, and the Design of Human Work*(Grand Rapids, MI: Wm.B.Eerdmans, 1990).
- Larive, Armand. *After Sunday: A Theology of Work*(Continuum, 2004).
- Preece, Gordon, *The Viability of the Vocation Tradition in Trinitarian, Credal and Reformed Perspective: The Three-fold Call*(Edwin Mellen, 1998).
- ______________."The Threefold Call: The Trinitarian Character of Our Everyday Vocations", chap. XIII in Robert Banks, ed. *Faith Goes to Work: Reflections from the Marketplace*(Alban Institute, 1993).

- Sherman, Doug and William Hendricks. *Your Work Matters to God*(NavPress, 1987).
- Volf, Miroslav. *Work in the Spirit: Toward a Theology of Work*(Wipf & Stock, 2001).
- White, Christopher J. "Beyond Vocation: New Theologies of Work", *Zadok Paper* S118(Autumn 2002)(http://www.zadok.org.au).

2) 소명의 주관적 느낌과 이해를 어떻게 피할 수 있는가?

- Bolles, Richard Nelson. *How To Find Your Mission in Life*(Ten Speed Press, 1991).
- ________________. *What Color Is Your Parachute? A Practical Manual for Job-Hunters & Career-Changers*(Ten Speed Press, 1983).
- Guinness, Os. *The Call: Finding and Fulfilling The Central Purpose of Your Life*(Word, 1999).
- Novak, Michael. *Business as a Calling: Work and the Examined Life*(Free Press, 1996).
- Schuurman, Douglas J. *Vocation: Discerning Our Callings In Life*(Grand Rapids, MI: Wm.B.Eerdmans, 2004).
- Stevens, R. Paul. "Calling/Vocation" in Robert Banks and R. Paul Stevens, *The Complete Book of Everyday Christianity*(Downers Grove, IL: InterVarsity Press, 1997), http://www.ivmdl.org/cbec.cfm?study=121

3) 가톨릭 이해

- Congar, Yves. *Lay People in the Church*(Newman Press 1957 and Christian Classics 1985).
- Droel, William. *Full-Time Christians: The Real Challenge From Vatican II*(Twenty-Third Publications, 2002).
- Pope John Paul II. *On Human Work(Laborem Exercens)* (United States Catholic Conference 1981) downloadable from: http://www.cin.org/jp2ency/laborem.html.

4) 선교로서의 일

- Bang, Sunki. "Tensions in Witness" Vocatio 1:2 (July 1998), 17-18, 22. http://www.vocationline.net.
- Cosden, Darrell. *A Theology of Work: Work and the New Creation*(Exeter, UK: Paternoster, 2005).
- Flow, Flow. "A Business Owner's Mission: Working as a Christian in a Car Sales Firm", chap. VI in *Faith Goes to Work*.
- Grigg, Viv., ed. *Creating An Auckland Business Theology*(Urban Leadership Foundation, 2000).
- Kandalintsev, Vitali. *Business In Christ: The Synthesis of the Christian Faith and Entrepreneurship*(Self-published, 1996[Russia]).
- MacKenzie, Alistair & Wayne Kirkland. *Where's God On Monday: Integrating Faith and Work Every Day of the*

Week(NavPress, NZ Ltd., 2002).

• Mouw, Richard J. *Called To Holy Worldliness*(Fortress, 1980).

3. 일터영성

1) 명상적 영성과 활동적 영성을 어떻게 혼합할 수 있을까?

• Booher, Dianna. *First Thing Monday Morning: Keeping Your Appointment With God*(New Leaf, 1998).
• Kroeker, Wally. *God's Week Has Seven Days, Monday Musings for Marketplace Christians*(Herald, 1998). http://www.ivmdl.org/godsweek.cfm.
• Palmer, Parker J. *The Active Life: A Spirituality of Work, Creativity, and Caring*(Jossey–Bass, 1999).
• Pierce, Gregory F. A. *Spirituality@Work: 10 Ways to Balance Your Life On–The–Job*(Loyola Press, 2001).
• Preece, Gordon. "veryday Spirituality: Connecting Sunday & Monday," *Zadok Paper* S76 (July 1995). www.zadok.org.au.
• Stevens, R. Paul. *Seven Days of Faith: Every Day Alive With God*(Navpress, 2001).

2) 우리의 영성이 너무 현대적인가? 만약 포스트모던 영성이 있다면, 이 영성은 어떤 것인가?

- McLaren, Brian D. *A New Kind of Christian: A Tale of Two Friends on a Spiritual Journey*(Jossey-Bass, 2001).
- Preece, Gordon. "How Do You Post to Postmodernity? Christian Education and Communication in a Post or Hyper-Modern Age," *Zadok Paper* S107 (Winter 2000). www.zadok.org. au.

3) 성경적, 특히 구약의 지혜와 전통에 뿌리를 둔 성인 영성을 어떻게 계발할 수 있을까?

- Bauer, Susan Wise. " Paper Doll King David: More Than a Tale with a Moral," *Christianity Today.* June 16, 1997. http://www.ctlibrary.com/1134.
- Brueggemann, Walter. *The Creative Word: Canon as a Model for Biblical Education*(Fortress, 1982).
- Pree, Max De. *Leadership Is An Art*(Dell Publishing, 1987).

4. 성품 계발(개인 성품과 성실함)

- Alexander, John F. *The Secular Squeeze: Reclaiming Spiritual Depth In A Shallow World*(Carol Stream, IL: Inter-VarsityPress, 1993).
- Estey, Ken. *A New Protestant Labor Ethic At Work*(Pilgrim Press, 2002).

5. 이슈와 도전들(소질과 적성)

1) 성공을 어떻게 측정할 수 있는가? 결과 중심적 접근 vs. 과정 중심적 접근

- Campolo, Tony. *The Success Fantasy*(reprint, Chariot Victor, 1993).
- Peters, Thomas and Robert H. Waterman. *In Search of Excellence: Lessons from America's Best-Run Companies*(reprint, Warner; 1988).
- Solomon, Robert C. *Ethics and Excellence: Cooperation and Integrity in Business*(OUP, 1992).

2) 야망과 능력 vs. 열정

- Nash, Laura. "Love and the Competitive Drive" and "Hutility and the Ego of Success" in *Believers In Business*(Nelson, 1997).

6. 윤리와 변화

1) 행동 윤리 vs. 존재 윤리(선행 윤리/성품 계발)

- Deberri, Edward P. and James E. Hug. *Catholic Social Teach-*

ing: Our Best Kept Secret(Orbis Books, 2003).

- Goldberg, Michael, ed. *Against the Grain: New Approaches to Professional Ethics*(Trinity Press, 1993).

2) 정황 윤리, 보다 적은 죄

- Bonhoeffer, Dietrich. "What is Meant by Telling the Truth" in *Ethics*(Reprint, Touchstone Books, 1995).
- Chan, Kim-Kwong and Tetsunao Yamamori. *Holistic Entrepreneurs In China, A Handbook on the World Trade Organization and New Opportunities for Christians*(Pasadena, CA: William Carey International University Press, 2002).
- Yung, Hwa. "Christian Ethical Thinking in the Asian Context"(available from philip@gcf.org.hk).

3) 타협과 회색지대

- Gill, David. *Doing Right: Practicing Ethical Principles*(Carol Stream, IL: InterVarsityPress, 2004).
- Higginson, Richard. "integrity and the Art of Compromise", chap.2 in Robert Banks and Kimberly Powell, eds. *Faith in Leadership: How Leaders Live Out Their Faith in Their Work and Why It Matters*(Jossey-Bass, 2000).
- Lau, Simon & Philip Wu. "e Wise As Serpents: Compromise & the Gray Areas"(PowerPoint presentation, 2002)(available

from philip@gcf.org.hk).

4) 개인 가치 vs. 공공의 가치, 비도덕적 사회의 도덕적 인간?

- Banks, Robert, ed. *Private Values and Public Policy: The Ethics of Decision Making in Government Administration*(Homebush: Lancer, 1983).
- Chaplin, Jonathan. *Faith in the State: The Peril and Promise of Christian Politics*(Institute for Christian Studies, 1999).
- Coats, Dan. *Mending Fences: Renewing Justice Between Government and Civil Society*(Grand Rapids, MI: Baker Book House, 1998).
- Elshtain, Jean Bethke. *Real Politics At The Center of Everyday Life*(Johns Hopkins University Press, 1997).
- Lean, Garth. *God' Politician, William Wilberforce' Struggl*(Darton, Longman&Todd, 1980).
- Niebuhr, Reinhold. *Immoral Man and Immoral Society: A Study of Ethics and Politics*(reprint, Westminster John Knox Press, 2002).

5) 개인적/사적인 윤리를 넘어서는 사회적 윤리의 우선성

- Wright, Christopher J. H. *Living As the People of God: The Relevance of Old Testament Ethic* "The Use of the Bible in Social Ethics", Transformation 1:1(Jan–Mar 1984). http://

www.oc ms.ac.uk/transformation/index.php.

6) 특수한 지역적 이슈들(아시아에서의 뇌물과 같은)

- Higginson, Richard. "thics and Corruption", in *Centre for Applied Christian Ethics Newsletter.* 5:3(2000). http://www.ridley.unimelb.edu.au/cace/publications/2000_V5_N3.pdf
- MCSI Conference articles, *Vocatio.* 6:1,2, Regent College, 2000, http://www.vocationline.net

7) 기업의 특성

- Darden, Robert & P.J. Richardson. *Corporate Giants: Personal Stories of Faith and Finance*(Grand Rapids, MI:Baker Book House, 2002).
- Pollard, Bill. *The Soul of the Firm.* HarperCollins, 1996.
- Sennett, Richard. *The Corrosion of Character: The Personal Consequences of Work in the New Capitalism*(Norton, 2000).
- Solomon, Robert C. *A Better Way to Think About Business: How Personal Integrity Leads to Corporate Success*(OUP, 1999).

7. 최고의 실천(관계 & 인품)

1) 사적인 개인 vs. 공적인 개인

- Nippert-Eng, Christena E. *Home and Work: Negotiating Boundaries through Everyday Life*(University of Chicago, 1996).
- Stott, John R.W. *The Contemporary Christian: Applying God' Word To Today' World. Leicester*(Inter-Varsity Press, 1992).

2) 불신자와 일하기

- Greene, Mark. *Christian Life & Work: A Resource for Small Groups*, videocassette or DVD. http://www.christianlifeand.com/titles.php.
- ___________. *Thanks God It' Monday: Ministry in the Workplace*(London: Scripture Union, 1994). Hammond, Peter. Believing In Non-Believers. http://www.ivmdl.org/reflections.cfm?study=6.

3) '전도에 합당한 말'인가 '전도에 합당한 행실'인가, 그렇지 않으면 두 가지 모두인가?(선포, 인품, 실천)

- Green, Michael. *Evangelism In The Early Church*(London: Hodder & Stoughton, 1970).
- Hammond, Peter. *Whose Job Is Evangelism?* http://www.

ivmdl.org/reflections.cfm?study=50.

4) 사내 정치(회사에서의 처신)

- Sherman Lam, "Office Politics: Christians' Friend or Foe?" PowerPoint presentation, 2002. http://www.marketplacechristian.net/lausanne.html.

8. 청지기직과 봉사

1) 권력과 돈

- Bartholomew, Craig and Thorsten Moritz, eds. *Christ and Consumerism: A Critical Analysis of the Spirit of the Age*(Exeter: Paternoster, 2000).
- Barron, Bruce. *The Health and Wealth Gospel*(Carol Stream, IL: Inter-Varsity Press, 1987).
- Ellul, Jacques. *Money and Power*(Leister: Inter-Varsity Press, 1984).
- Miller, Vincent J. *Consuming Religion: Christian Faith and Practice in a Consumer Culture*(Continuum, 2003).
- Schneider, John. *Godly Materialism: Rethinking Money & Possessions. Leister*(Inter-Varsity Press, 1994).
- Shumacher, E. F. *Small Is Beautiful: Economics as if People Mattered*(Harper & Row, 1973).

2) 빈곤과 사회 정의

- Beukema, George. *Stories from Below the Poverty Line: Urban Lessons for Today's Mission*(Herald Press, 2001).
- DeGraaf, John. *Affluenza: The All Consuming Epidemic*(Barrett Koehler, 2002).
- Gutierrez, Gustavo. *On The Job: God-Talk and the Suffering of the Innocent*(Maryknoll, NY: Orbis Books, 1988).
- Myers, Bryant. *Walking With The Poor: Principles and Practices of Transformational Development*(Maryknoll, NY: Orbis and Monrovia, CA: World Vision, 2002).
- Sider, Ronald. *Rich Christians in an Age of Hunger*(Reprint, Word Publishing, 1997).

3) 생태환경-세 가지 핵심 목표들

- Hawken, Paul. *The Ecology of Commerce: A Declaration of Sustainability*(HarperBusiness, 1993).

4) 삶 전체를 다 드릴 것인가? 십일조만 드릴 것인가?

- Frank, Robert. *Luxury Fever*(Princeton University Press, 1999).
- Hammond, Peter. *Jesus: Lord of Leftovers, or Lord of All?* www.ivmdl.org
- Wuthnow, Robert. *The Crisis in the Churches: Spiritual*

Malaise, Fiscal Woes(OUP, 1997).

9. 일과 삶의 균형

1) 늘어나는 일-시간의 요구

- Banks, Robert. *The Tyranny of Time*(Wipf & Stock, 1997).
- Hochschild, Arlie Russel. *The Time Bind: When Work Becomes Home and Home Becomes Work*(Owl Books, 2001).
- McConnell, William. *The Gift of Time: Time in Culture and The Kingdom of God. Carol Stream*(IL: Inter-Varsity Press 1983).

2) 균형을 잡을 것인가, 아니면 요술을 부릴 것인가? 통합인가, 아니면 분할인가?

- Nippert-Eng, Christena E. *Home and Work: Negotiating Boundaries through Everyday Life*(University of Chicago, 1996).
- Preece, Gordon. "Job and a Life," *St. Mark' Review*(Spring 1998), available from GPreece@mcsi.edu.au.

3) 신화/균형 잡힌 삶의 반대론, 균형 잡힌 삶 vs. 삶의 리듬

- Peterson, Eugene. "In Sync", *Life@Work*. 3:6(Nov 2000): 48-53.
- Sine, Tom and Christine Sine. *Living On Purpose: Find-*

ing God's Best for Your Life(Grand Rapids, MI: Baker Book House, 2002).

4) 안식일과 쉼

- Baab, Lynne. *Sabbath Keeping: Finding Freedom in the Rhythms of Rest*(Carol Stream, IL: Inter-Varsity Press, 2005).
- Heschel, Abraham Joshua. *The Sabbath*(Noonday Press, 1996).
- Stevens, R. Paul. "Being Kept by Sabbath", *Vocatio* 7:1(Winter 2003), 22–25. http://www.vocationline.net
- Schulter, Michael and David John Lee. *The R Option: Building Relationships as a Better Way of Life*(Cambridge: Relationships Foundation, 2003. chap. 1).

10. 일터의 여성

1) 일터의 여성

- Farrel, Pam. *Women of Confidence: Wisdom for Achieving with Integrity*(Carol Stream, IL: Inter-Varsity Press, 2001).
- ____________. *Woman of Influence: Ten Traits of Those Who Want to Make A Difference*(Carol Stream, IL: Inter-Varsity Press 1996).
- Flowers, Lois. Women, *Faith, and Work: How Ten Success-*

ful Professionals Blend Belief and Business(Word Publishing, 2001).

- Frank, Linnie and Andria Hall. *This Far By Faith: How To Put God First in Everyday Living*(Waterbrook Press, 2000).
- Wallace, Catherine M. "Telling Ourselves Short: Why We Struggle to Earn a Living and Have a Life," *Brazos*, Nov. 2003.
- Van Leeuwen, Mary Stewart, et al. *After Eden: Facing the Challenge of Gender Reconciliation*(Grand Rapids, MI: Wm.B.Eerdmans, 1993), chs 14−16 including cross−cultural perspective.

Web-List

1. 신학교들 / 신학대학들

- Asian Theological Seminary- http://www.ats.ph
- Belhaven College-Center for Marketplace Missions- http://www.belhaven.edu/
- Biblical Graduate School of Theology- http://www.bgst.edu.sg
- Fuller Theological Seminary- http://www.fuller.edu
- Gordon-Conwell Theological Seminary: Mockler Center- http://www.gordonconwell.edu/ockenga/mockler/index.php
- Macquarie Christian Studies Institute- http://www.mcsi.edu.au
- Pat Kelly Bible College- http://academic.sun.ac.za/theology/lebruyns.htm.
- Regent College- http://www.regent.edu
- The Yale Centre for Faith and Culture- http://www.yale.edu/faith/initiatives/fwl.html
- Zadok Institute for Christianity and Society- http://www.zadok.org.au

2. 일터사역들

- Ambassadors for Christ Canada- http://www.afc-ca.org
- Avodah Institute- http://www.avodahinstitute.com

- Business Proverbs— http://businessproverbs.com
- Canadian Tentmakers Network— http://www.tentmaking.org
- Chrism— http://www.chrism.org.uk
- Christian Graduate Network Indonesia— http://www.grad-net.net/index.php
- Christian in Commerce— http://www.christiansincommerce.org
- Christian Working Woman— http://www.christianworking-woman.org
- Executive Ministries— http://www.execmin.org
- Faith At Work— http://www.faithatwork.org.nz
- Faith at Work Magazine— http://www.faithatwork.com
- FaithWorks Magazine— http://www.faithworks.com
- Forum for Faith in the Workplace— http://www.faithinthe-workplace.org
- Freedom in Christ Ministries— http://www.ficm.org
- Haggai Institute— http://www.haggai-institute.com
- Hong Kong Graduates'Christian Fellowship— http://www.gcf.org.hk
- Illumax Partners— http://www.illumaxpartners.com
- Industrial Ministry of Southern Africa— http://www.cmn.co.za/missions/imsa/
- Institute of Business and Ethics— www.ethix.com
- International VIP Club Japan— http://vip-club.tv/
- Kairos Research Centre— http://www.kairos-malaysia.org/
- LifeChasers— http://www.lifechasers.org

- London Institute for Contemporary Christians- http://lcci.org.uk
- Marketplace Christian Network- http://www.marketplacechristian.net
- Marketplace Leaders- http://www.marketplaceleaders.org
- Marketplace Ministries- http://www.marketplaceministries.com
- Marketplace Network- http://www.marketplace-network.org
- Mennonite Economic Development Associates(MEDA)- http://www.meda.org
- Mockler Center- http://www.gordonconwell.edu/ockenga/mockler
- Needle's Eye Ministries, Inc.- http://www.needleseye.org
- Perkantas Indonesia- http://www.perkantas.org/graduate_center/
- Priority Associates- http://www.priorityassociates.org
- Ravi Zaacharias International Ministry- http://www.rzim.org
- Ridley Hall Foundations- http://www.fibq.org/ridley-1.htm.
- Scruples- http://www.scruples.org
- The Coalition For Ministry In Daily Life- http://www.dailylifeministry.org
- The Cornerstone Community- http://www.cornerstone.edu.au
- The Crossroads Center for Faith and Work − http://www.crossroads-center.org
- The Faith & Work Project- http://users.aol.com/faithwork
- The High Calling of Our Daily Work- http://www.thehigh-

calling.org

- The International Coalition of Workplace Ministries(ICWM)- http://www.icwm.net
- The Southern Institute for Business and Professional Ethics-http://www.southerninstitute.org/FaithAndWorkfr.htm
- Value of the Person- http://www.valueoftheperson.com
- Workplace Spirituality- http://www.workplacespirituality.info
- WorkplaceMinistry- http://www.workplaceministry.com
- Worship at Work- http://www.worshipatwork.com
- WOWI- Workplace Wisdom Interactive- http://www.wowi.net

3. 전문직

- Affiliation of Christian Engineers(ACE)- http://christianengineer.net
- Africa Christian Teachers- http://www.tkpmissions.8m.com
- Business & Professional Ministry- http://navigators.gospelcom.net/bp
- Business & Professional Network- http://www.bpn.org
- Business and Professional Ethics- http://www.members.aol.com/maineuk/ethics/ethics.htm
- Business by the Book- http://www.christiansincommerce.org
- Christian Leadership Ministries- http://www.clm.org
- Christian Medical & Dental Associations- http://www.cm-

dahome.org
- Christian Medical Fellowship— http://www.cmf.org.uk/
- Christians In Photojournalism— http://www.christiansin-photojournalism.org
- Corporate Chaplains of America— http://www.iamchap.org
- Fellowship of Companies for Christ International— http://www.fcci.org/
- Following Christ Conference— http://www.intervarsity.org/followingchrist
- InterVarsity Grad and Faculty Ministry— http://www.inter-varsity.org/gfm
- Media Fellowship International— http://www.mediafellowship.org
- Nurses Christian Fellowship— http://www.intervarsity.org/ncf
- The Godly Business Woman— http://www.godlybusinesswoman.com
- With You Always – Drawings— http://members.aol.com/JesusImages
- Young Business Leaders— http://www.ybl.org

4. 교회와 교단의 자료들

- Centered Life— http://www.centeredlife.org
- His Church at Work— http://hischurchatwork.org
- Member Mission Press— http://www.membermissionpress.org

- The Center for Baptismal Living- http://www.baptized.org
- The Center for Parish Development- http://missionalchurch.org
- Wooddale's Workplace Ministry- http://www.wooddale.org/getting_connected/WooddaleAtWork

5. 지도력

- De Pree Leadership Center- http://www.depree.org
- Koinonia Partners- http://www.koinoniapartners.org
- Regent Business Review- http://www.regent.edu/review
- The Alban Institute- http://www.alban.org
- The Robert K. Greenleaf Center for Servant-Leadership- http://www.greenleaf.org
- Women of Influence Ministries- http://www.woiministries.com